Andrej Korobeishchikov

Metanoia - Der Weg der Seher

Andrej Korobeishchikov

METANOIA
DER WEG DER SEHER

Überwinde die Grenzen deiner Realität

Aus dem Russischen von Jana Heiß

SILBERSCHNUR VERLAG

Titel der Originalausgabe: »МЕТАНОЙЯ. Темная Волна.«

ISBN: 978-3-89845-678-4

1. Auflage 2021

Übersetzung: Jana Heiß
Umschlaggestaltung & Satz: XPresentation, Güllesheim; unter Verwendung eines Motivs von © diversepixel; www.shutterstock.com
Druck: Finidr, s.r.o. Cesky Tesin

Verlag »Die Silberschnur« GmbH · Steinstraße 1 · D-56593 Güllesheim
www.silberschnur.de · E-Mail: info@silberschnur.de

Inhalt

Der Autor drückt seine Dankbarkeit gegenüber all denjenigen aus, die an der Veröffentlichung dieses Buches mitgewirkt haben. Er bedankt sich für das Verständnis, die Hilfe und die freundliche Unterstützung!

www.korobeishchikov.com

METANOIA

griechisch: μετάνοια,

“Metania” - “Sinneswandel”, “Umdenken” - beschreibt die Veränderung in der Wahrnehmung von Tatsachen und Erscheinungen, meist begleitet von Bedauern und Reue.

In der christlichen Tradition bedeutet Metanoia so viel wie Buße.

Worum geht es in diesen Büchern?

Um das, was sich hinter alltäglichen Situationen verbirgt und unsere *Kräfte* beeinflusst.

Um unsere Kindheit und unsere Eltern, die uns gestohlen worden sind.

Um die Kinder, die wir zu verlieren riskieren, wenn wir nicht etwas ganz Entscheidendes verstehen.

Um die Suche nach dem *Höchsten Geist* und dem verlorenen *Zuhause*.

Um die *Große Liebe*, wie man sie sich nur in dieser Welt vorstellen kann ...

Dieser Roman ist für diejenigen, die wirklich verstehen wollen ...

Aufzeichnungen
eines Trainings

EIN INFORMATIVER INSIDERROMAN

Um das *Licht* zu erblicken,
muss man durch das *Dunkel* gehen ...[1]

Altai-Epos "Temnye Oblaka" (dt.: *"Dunkle Wolken"*)

---

1) Eigene Übersetzung, Anm. d. Übers.

EINIGE EREIGNISSE UND PERSONEN IN DIESEM ROMAN SIND FIKTIV!

Dieses Werk gehört zweifellos der Fantastik an. Nehmen Sie es nicht ernst, Ernsthaftigkeit führt immer dazu, dass man Barrieren aufbaut. Gehen Sie davon aus, dass ich die *Mangysen* und die *Welle* erfunden habe, dass ich mir die *Jäger*, das Konzept der "*Fünf Ringe der Kraft*" und die Religion der *Eltern* ausgedacht habe. Bewegen Sie sich leicht und frei durch die Erzählung, so wie es Menschen tun, die in einer Fantasiewelt leben.

Doch … vergessen Sie nicht, dass selbst etwas Ausgedachtes *Macht* hat und die *Welt* zum Besseren verändern kann.

EINIGE EREIGNISSE UND PERSONEN IN DIESEM ROMAN SIND …

Vorwort

DIE SUCHE NACH AUSGÄNGEN UND EINGÄNGEN

Die Menschen sind der Alltäglichkeit überdrüssig. Nicht alle, aber sicherlich die meisten. Die meisten Bürger erleben die Welt wie einen sich täglich wiederholenden Film mit immer gleichbleibenden Schauspielern und Kulissen. Bisweilen kann dies als Zeichen von Stabilität aufgefasst werden. Doch früher oder später kommt der Zeitpunkt, an dem der Mensch das Gefühl hat zu ersticken. Er fühlt sich eingesperrt in einem engen Zimmer, versucht auf jede erdenkliche Weise die Wände auseinanderzuschieben – oder gar einen Weg nach draußen zu finden. Auch eine gesicherte Existenz kann zu einem goldenen Käfig werden. Es scheint, als hätte man alles, was man braucht: eine Wohnung, ein Auto, Geld. Doch all das kann zu einem Teil der Wände des Zimmers werden, in dem es mit der Zeit zu eng wird. Eine einfache Renovierung dieser Wände kann zwar alles anders erscheinen lassen. Doch den Kern des Problems ändert es nicht. Und ich spreche noch nicht einmal von schlimmen Schicksalsschlägen und Szenarien. In solchen Fällen beginnen die Wände nämlich noch viel mehr Druck auf den Menschen auszuüben. Genau dann beginnt er, nach einem Ausweg zu suchen. Diese Suche kann bei jedem vollkommen anders aussehen. Manch einer versucht es mit Alkohol oder Drogen, ein anderer stürzt sich in waghalsige Abenteuer und sexuelle Eskapaden, wieder ein anderer wendet sich der Esoterik oder der Religion zu, in der Hoffnung, dort einen Ausweg zu finden ... Doch die Realität ist zähflüssig wie Harz. Kaum glaubt jemand, einen Ausweg gefunden zu haben, schon legt sich die klebrige Realität über ihn wie ein schwerer Vorhang der Alltäglichkeit. Manchmal scheint es sogar so, als existierten diese Ausgänge entweder überhaupt nicht oder als seien sie von einem unsichtbaren und mächtigen Wesen bewacht. Aber wer ist dieses Wesen? Wem nützt es, die Menschen im engen Rahmen der offensichtlichen Realität gefangen zu halten? Das können wahrscheinlich nur diejenigen beantworten, die die *Auswege* trotz allem gefunden haben. Und natürlich auch nur dann, wenn sie anschließend wieder zurückgekehrt sind. Doch wer vermag es, die Grenzen der scheinbar unumstößlichen Wände zu überwinden und danach wieder zurückzukommen?

Schamanen. Seher. Spirituelle Begleiter. Jäger. Diejenigen, die die Grenzen überschreiten. Manche Menschen möchten einen Schamanen finden, weil sie hoffen, dass dieser sie auf geheime Wege mitnehmen, oder ihnen einen *Ausweg* zeigen wird. Oder dass er ihnen zumindest einen Tipp gibt, wo sie suchen müssen. Doch die Welt der Schamanen ist nicht so zugänglich, wie viele Suchende es sich wünschen. Außerdem löst es auch nicht das Hauptproblem: die Suche nach *Auswegen*. Zwar gibt es besondere Menschen, die wissen, wie sie diesen engen Raum verlassen können, doch auch sie zögern, ihr Wissen mit anderen zu teilen. So wird die Suche nach *Begleitern* ebenso problematisch wie die Suche nach *Auswegen* in eine andere Realität. Der Kreis schließt sich, die Wände bleiben unüberwindbar.

In diesem Buch werde ich meine persönlichen Erfahrungen mit der Suche nach *Auswegen* in eine andere Welt beschreiben, denn sie können für einige *Suchende* sehr hilfreich sein. Aber zunächst halte ich es für notwendig, ein paar Regeln zu erläutern, die es uns ermöglichen, die Seiten dieses Buches nicht nur durchzublättern, sondern wirklich in das Buch einzutauchen, tiefer in sein Wesen einzudringen und das zu verstehen, was ich Ihnen mit diesen Zeilen vermitteln möchte.

Die allererste Regel für einen *Suchenden* lautet: Um in eine *neue Welt* einzutreten, muss man sich von seiner bisherigen Weltauffassung trennen. Um mit der Welt der Seher in Kontakt zu treten, ist es unbedingt notwendig, alte Überzeugungen und Stereotypen loszulassen. Denn genau diese haben bisher den Kontakt verhindert. Die Welt der Schamanen und die Welt der Menschen befinden sich im selben Raum, sie liegen aber in unterschiedlichen Tiefen. Die Welt der Seher ist für uns unerreichbar, da wir diese Tiefe mit unserer gewöhnlichen Wahrnehmung nicht erkennen können. Darin liegt der wichtigste Fehler begründet, den viele *Suchende* machen. Sie versuchen, mit ihrer alten Weltanschauung in das *Neue* einzutauchen. Ihr Denken über die Welt der Schamanen ist von ihrer spießbürgerlichen Wahrnehmung beeinflusst ... Aus diesem Grund können sie sie nicht sehen und nicht mit ihr in Kontakt treten. Viele Menschen bemerken das und versuchen, ihre Wahrnehmung zu ändern. Doch hier wartet der zweite Fehler, der die Kontaktaufnahme mit der Welt einer anderen Realität unmöglich macht. In ihrer Eile übersehen die *Suchenden* ein sehr wichtiges Detail: Um in eine *neue Welt* einzutreten, muss man nicht seine frühere Welt, sondern lediglich die VISION von ihr aufgeben. Das ist von großer fundamentaler Bedeutung! Die meisten *Suchenden* meinen, die Welt der Schamanen sei von der menschlichen Welt getrennt. Aus diesem Grund suchen sie sie in der Taiga, in den Bergen oder im Regenwald ... Aber der Ausgang aus dem Zimmer ist ja selbst Teil des Zimmers, die Türen sind Teil der Wände, die wir überwinden wollen.

Die zweite Regel für eine veränderte Wahrnehmung lautet: Der Zugang zur Welt der Schamanen liegt in den gewöhnlichsten Situationen verborgen, er beginnt mit den gewöhnlichsten Dingen. Man muss nur lernen, diese Dinge mit neuen Augen zu sehen.

Die Grundlage für den *Weg des Schamanen* ist die Verbindung des Bekannten mit dem Unbekannten, des Realen mit dem Unbegreiflichen. Diese Arbeit wird die Geheimnisse unserer Dualität, unserer beiden Hypostasen, von denen jede ihre eigenen Grenzen hat, aufdecken. Zwischen ihnen befindet sich Raum, von dem nur wenige wissen. Genau dort aber befinden sich die *Ausgänge* und *Eingänge*.

Dieses Buch stellt eine BRÜCKE zwischen zwei Teilpersönlichkeiten, zwischen zwei Halbkugeln, zwischen der gewöhnlichen Welt und der Welt der *Lichtschatten* dar. Es ist die BRÜCKE, über die die Schamanen die Grenzen der Wirklichkeit überschreiten können.

Ich bin Schriftsteller. Die Leser erwarten von mir spannende Geschichten und unvorstellbare Situationen, darum bittet unser gewöhnlicher Verstand. Wenn es aber nicht um irgendwelche lebhaften Fantasien geht, sondern um den Zugang zur schamanischen Welt, so müssen wir unsere Wahrnehmung verändern. Wir dürfen nicht mit etwas Abstraktem, sondern müssen mit etwas Gewöhnlichem, das Teil unseres Alltags ist, anfangen. Meine Erzählung beginnt also mit einer ganz gewöhnlichen Alltagssituation. Obwohl ... Geister werden auch darin vorkommen ...

Eine Legende

"DIE NACHT DER DÄMONEN"

(19. Jh., Japan)

"Jahre später werden sie uns fragen:
'Wo wart ihr, als sie den Planeten
eingenommen haben?'
Und dann werden wir sagen:
'Wir haben nichts gemacht, nur zugesehen.'"[2]

Aus dem Film "Transformers. Die dunkle Seite des Mondes"

Irgendwann während meiner Schulzeit, als wir Altpapier sammelten (damals gab es noch solche schulischen Traditionen), fiel mir ein seltsames Buch in die Hände. Seinem Zustand nach zu urteilen, musste es etwa 30 Jahre alt gewesen sein. Die Seiten waren schon ziemlich vergilbt, was darauf schließen ließ, dass es nicht angemessen aufbewahrt worden war. Sicher hatte es irgendwo

2) Quelle: deutsche Synchronisation des Films

auf einem Balkon oder in einem Verschlag herumgelegen. Während ich das Buch durchblätterte, fiel mir eine seltsame Zeichnung auf. Darauf war eine Dämonenfrau zu sehen, die ein Baby aß. Interessiert überflog ich den Text. Wie sich herausstellte, handelte es sich um einen japanischen Mythos aus dem vorletzten Jahrhundert. Er war aus der Sicht einer Frau erzählt, die behauptete, bei diesem Mysterium dabei gewesen zu sein. Ihr Name war Schindshu Miura.

Ich nahm das Buch mit, um es an einem anderen Ort in Ruhe lesen zu können. Es beinhaltete auch Mythen aus weiteren Kulturen, an die ich mich aber nicht erinnern konnte. Aus irgendeinem Grund hatte mich genau dieser eine Mythos interessiert. Ich las ihn wieder und wieder. Diese Erzählung hatte etwas faszinierend Schreckliches an sich, die Geschichte hatte mich enorm beeindruckt. Ich hatte das Buch auf dem hinteren Regal verstaut, doch es zog mich irgendwie magisch an, ich wollte mich immer wieder aufs Neue in die unheimliche Geschichte vertiefen. Heute, einige Jahrzehnte später, möchte ich nun Ihnen diesen Mythos erzählen. In genau der Form, wie er im Buch steht, kann ich ihn leider nicht mehr wiedergeben, aber ich bemühe mich, ihn bestmöglich aus dem Gedächtnis zu reproduzieren.

... Meine Brüder, meine Mutter und ich saßen eng aneinander gekuschelt beisammen und streckten unsere Hände und Füße unter den Kotatsu, einen kleinen Tisch, der sich direkt über der mit Kohlen gefüllten Feuerstelle am Boden befand und auf dem eine gewebte Decke lag. Im Haus war es sehr kalt. Die Wärme der Kohlen wurde von den Händen und Füßen aufgenommen und breitete sich von dort im ganzen Körper aus. Unser Vater war beschäftigt. Er verstärkte das Dach und die Fenster mit Schilf, stützte die Wände mit Holzpfeilern. Draußen wehte ein starker Wind. Es war der Vorbote des Hurrikans Kanimuri, der heute Nacht vom Meer her kommen sollte.

Wir hatten auf diese Nacht gewartet. Die Geschichte über sie wurde in unserer Familie von Generation zu Generation weitergegeben. Früher dachte ich, dass es einfach eine Geschichte sei, die man den Kindern erzählte, aber als ich heute die verängstigten Gesichter meiner Eltern sah, begriff ich, dass dem nicht so war, dass die in der Erzählung beschriebene Zeit wirklich gekommen war. Mama hatte sie uns ständig erzählt, mir und meinen beiden Brüdern, Ioschiru und Jutschi. Bereits bei den ersten Worten unserer Mutter Kumiko erschraken die beiden und verstummten. Wir kannten die Legende auswendig. Sie besagte, dass einmal in hundert Jahren eine ganz besondere Zeit eintrat: die "Nacht der Dämonen", die dunkelste Nacht des Jahrhunderts. Die Sterne und der Mond waren in dieser Nacht nicht mehr am Firmament zu sehen, denn der mächtige Wirbelsturm brachte starke Winde vom Meer, die den Himmel mit dunklen Wolken bedeckten. Der Legende nach kamen auf den Flügeln des Hurrikans in dieser Nacht böse Wesen aus der Geisterwelt, hungrige Dämonen, auf die Erde. Ihr Appetit war riesengroß, doch sie hatten einen äußerst erlesenen Geschmack, weshalb sie dem Essen und dem Vieh, das ihnen in den Weg kam, keine Beachtung schenkten. Die Legende besagte, dass sie sich hauptsächlich von Kindern ernährten. Das Leid war groß für diejenigen, deren Kindheit genau in diese dunkle Zeit fiel. In früheren Zeiten hatte man die Dämonen besänftigt, um ihren Zorn nicht zu wecken. Aus diesem Grund hatte man die Kinder freiwillig geopfert. Man glaubte sogar, dass dieses Geschenk an die Geisterwelt eine besondere Ehre für die Eltern dieser Kinder darstellte. Doch später, als die Kaiserin Gemmei regierte, begannen die Menschen damit, ihre Kinder vor den nächtlichen Eindringlingen zu verstecken. Der Kumigashira, der Gehilfe des Dorfvorstehers, führte die Kinder zu besonderen Orten in Berghöhlen oder im dichten Wald, damit sie nicht hören konnten, wie die Dämonen ihre Eltern quälten, und sie sich nicht zeigten. Es hieß, dass die Eltern, als ihre Kinder in die Dörfer zurückkehrten, alt geworden und völlig ausgelaugt waren. Eine Nacht lang waren sie durch die Hölle gegangen, sie hatten solch Schreckliches erlebt, dass sie nicht einmal darüber sprechen konnten.

Doch im Laufe der Zeit hatten die Menschen den Jahrhunderthurrikan mehr und mehr vergessen und waren leichtsinnig geworden. Das sagte unsere Mutter. Ich erinnerte mich daran, wie Kumiko zu den Nachbarn ging und ihnen von der "Nacht der Dämonen" erzählte, aber diese lachten sie nur aus. Wahrscheinlich hielten sie sie sogar für verrückt. Irgendwann hörte Mama auf, die Nachbarn mit den alten Legenden zu belästigen, doch wir mussten uns die Geschichte wieder und wieder anhören. Und als nun die ersten eisigen Windböen den kalten Atem des Kanimuri vom Meer herantrugen, setzte Mama uns unter den Kotatsu und beobachtete ängstlich die Haustür. Von draußen waren nur dröhnende Hiebe des Holzschlägers zu hören. Das war unser Vater, Hiro, der eine weitere Stütze ins Fundament des Hauses hämmerte. Nach einer Weile hörten wir Schritte vor der Tür, Kumiko nahm den Gast in Empfang. Es war unsere Großmutter, Asemi. Mama sagte, dass Großmutter eine "Yuta", eine Schamanin sei, und nannte sie respektvoll "Nora", also Priesterin. Es war Asemi, die das Wissen über die "Nacht der Dämonen" an Kumiko weitergegeben hatte. Wir krabbelten schnell unter der warmen Decke hervor und liefen auf unsere Großmutter zu ...

Mama und Papa waren weggegangen und wir blieben mit Asemi im Haus zurück. Großmutter stellte überall Schüsseln mit getrockneten Kräutern auf, die einen scharfen, würzigen Geruch verströmten. Sie schien nicht dieselbe Angst zu verspüren, die wir bei unseren Eltern bemerkt hatten. Asemi stellte uns in einer Reihe auf, beugte sich zu uns herab und hängte jedem von uns ein hölzernes Amulett an die Brust.

"Meine Lieben", sagte sie und sah uns direkt in die Augen, "ihr wisst, dass heute eine sehr wichtige Nacht ist. Ihr müsst heute sehr viel Kraft und Mut aufbringen. Wenn ihr tut, was ich euch jetzt sage, wird alles gut ausgehen. Seid ihr bereit?"

Ich und Ioschiru nickten schweigend, der kleine Jutschi aber war kurz davor zu weinen, doch Großmutter Asemi streichelte ihm liebevoll über den Kopf.

"Jutschi, mein Kleiner, du darfst nicht weinen. Auf gar keinen Fall. Nimm dir ein Beispiel an deinem Bruder und an deiner Schwester. Ganz gleich wie viel Angst ihr heute haben werdet, denkt daran, ihr dürft keinen Mucks von euch geben! Habt ihr verstanden?"

Wir nickten erneut, dieses Mal alle drei.

"Sehr gut!"

Asemi ging durch den Raum und flüsterte etwas vor sich hin, als suchte sie etwas. Dann kam sie zu uns zurück und führte uns in die hinterste Ecke des Hauses. Dort blieben wir stehen, Großmutter schaute nach oben. Unter der Decke waren große Bambusstämme angebracht, die das Dach stützten. Dort wurde auf großen Holzbrettern trockenes Stroh gelagert. Großmutter schaute uns an und nickte in Richtung der geschnürten Bündel unter der Decke.

"Schindshu, mein Mädchen, klettert nach oben und deckt euch gut mit dem Stroh zu. Pass auf deine Brüder auf, du bist die Älteste. Vergiss nicht, ihr dürft auf keinen Fall herunterkommen, und ihr müsst vollkommen still sein."

Plötzlich bekam ich Angst. "Und du, Großmutter? Wirst du gehen?"

Sie nickte liebevoll. "Ja, meine Liebe. Um mich braucht ihr euch nicht zu sorgen, mir kann niemand etwas zufügen, denn ich bin eine 'Yuta'. Aber ich muss gehen, ihr werdet bis zum Morgen hierbleiben. Hier, ich habe warme Decken für euch mitgebracht. Wickelt euch darin ein und bedeckt euch mit Stroh, so dass euch niemand finden kann."

Ioschiru blickte Großmutter erstaunt an.

"Wer wird uns denn suchen? Die Dämonen?"

Asemi drückte uns alle fest an sich.

"Das wird eine schreckliche Nacht, vielleicht die schrecklichste eures Lebens. Ihr müsst alleine hierbleiben. Draußen wird der Kanimuri toben und hier drinnen tauchen vielleicht Fremde auf. Vertraut niemandem! Wenn ihr euch ganz ruhig verhaltet, wird nichts Schlimmes passieren."

"Was ist mit Papa und Mama?", meine Stimme zitterte, da ich vor Angst sogar kaum atmen konnte.

Großmutter nickte: "Sie werden auch eine schwierige Nacht erleben. Aber ich bin sicher, dass sie es schaffen werden. Wir machen uns vor allem Sorgen um euch. Es ist sehr wichtig, dass ihr das tut, was ich euch sage. Denkt dran, was auch passiert, ihr dürft keinen Laut von euch geben und nicht herunterklettern."

Asemi beugte sich zu mir und flüsterte mir vertrauensvoll und leise, sodass meine Brüder es nicht hören konnten, ins Ohr: "Dämonen schauen niemals nach oben. Hier seid ihr in Sicherheit. Aber nur hier. Unten werden sie euch sofort fangen. Vergiss das nicht, Schindshu."

Es schüttelte mich vor Entsetzen. Asemi umarmte mich und drückte mich an sich. Sie roch nach den würzigen Kräutern, dieser Geruch beruhigte mich ein wenig. Dann richtete Großmutter sich auf und sagte:

"Morgen früh, wenn der Wirbelsturm vorübergezogen ist und alles vorbei ist, komme ich zu euch. Möge der Segen der Familiengeister mit euch sein!"

Der Hurrikan tobte mit unglaublicher Wucht. Der Wind blies, als würden Hunderte von Dämonen wütend durch die Gegend streifen und an die Wände der Hütten schlagen. Die Kinder schmiegten sich aneinander, wickelten sich tief in die Decken ein und lauschten den Geräuschen auf der Straße und im Haus. Jedes Mal, wenn der Wind gegen die Wände peitschte, schreckten sie auf. Jutschi weinte zunächst leise, schlief dann aber ein, sein kleiner Kopf ruhte auf dem Hals von Ioschiru. Sein älterer Bruder strich ihm behutsam über die Haare. Im Haus selbst war es seltsam ruhig, jetzt wo nicht nur die Eltern, sondern auch noch die Schamanin Asemi weggegangen waren. Einige Male dachten die Kinder, sie hätten in der Ferne andere Kinder schreien und weinen gehört. Doch im Lärm des Regens und im Grollen des Sturms verloren sich die Geräusche. Plötzlich ... hörten sie vertraute Laute aus dem anderen Zimmer. Papa und Mama waren zurück! Ioschiru bewegte sich, als wollte er vom Holzboden hinunterstei-gen, aber ich drückte ihn an mich und flüsterte ihm ins Ohr:

"Leise! Leise! Großmutter hat uns verboten runterzuklettern! In diesem Moment öffnete sich die Zimmertür und Hiro erschien auf der Schwelle. Ioschiru bewegte sich erneut, aber ich presste ihn mit aller Kraft an mich. Papa betrat das Zimmer und sah sich nach allen Richtungen um, als ob er etwas suchte. Er verhielt sich irgendwie seltsam: Er lief durchs Zimmer, trat mit den Füßen gegen verschiedene Gegenstände und gab komische Laute von sich, wie ein unterdrücktes Stöhnen. Ich atmete tief ein und presste meine freie Hand auf meinen Mund, um nicht loszu-schreien. Ich begriff, dass er uns suchte.

"Ioschiru, mein Sohn", ertönte von unten eine Stimme, die überhaupt nicht der unseres Vaters glich, "kleiner Jutschi ..."

Ich klammerte mich lautlos an Ioschiru, wir verschmolzen wie zu einer Einheit und waren starr vor Schreck. Das dort unten war nicht Hiro! Dieses Wesen sah nur aus wie ihr Vater. Es war, als hätte ein mächtiger Geist das Aussehen ihres Vaters angenommen und lief jetzt unten durch die Dunkelheit, während er mit einer seltsamen Stimme nach ihnen rief.

"Schindshu-hu...", rief eine unheimliche, piepsige Frauenstim-me aus dem Nebenzimmer, "komm zu mir, meine Tochter ..."

Ioschiru und ich schienen kaum noch zu atmen, wir trauten uns nicht Luft zu holen, geschweige denn uns zu bewegen. Die alte Asemi hatte uns davor gewarnt, als sie sagte, wir sollten in dieser schrecklichen Nacht niemandem glauben und keinen Laut von uns geben. Erst jetzt verstand ich, WER da gekommen war, um uns zu holen! Das dort unten waren Dämonen! Und sie hatten die Gesichter unserer Eltern gestohlen. Einer von ihnen stand jetzt direkt unter uns, schlurfte laut und schnupperte in die Luft.

"Jutschi-i...", quäkte der Dämon unten erneut. Der Kleine bewegte sich in meinen Armen, wachte aber nicht auf.

'Wie gut, dass er schläft', dachte ich. 'Würde er sehen, was sich hier abspielt, würde er sicher anfangen zu weinen oder Papa rufen.'

Asemi hatte die Kräuter nicht zufällig mitgebracht. Der Duft überdeckte ihren Körpergeruch. Es war auch kein Zufall, dass die Großmutter sie unter der Decke versteckt hatte, denn der Dämon blickte tatsächlich nie nach oben.

"Hiro-o...", erklang aus dem Nebenzimmer die piepsige Stimme. "Lass die Finger von ihnen, Hiro-o..."

Einen Moment später betrat Kumiko das Zimmer. Eigentlich glich aber nur ihr Äußeres unserer Mutter. Sie stürzte sich auf den Mann und drängte ihn, uns nicht zu fangen. Es war, als fände in ihr ein Kampf statt, zwischen dem Menschlichen und dem Dämonischen, zwischen Licht und Schatten, ein Kampf, der ihren Körper und Verstand erfasst hatte. Doch der Mann brüllte und schrie sie an, brabbelte etwas Unverständliches. Dann weinte die Frau, rief danach selbst mit schwacher Stimme zuerst nach mir, dann nach Jutschi, woraufhin sie wieder "Papa" anbrüllte. Es war, als würden in ihr tatsächlich zwei Wesen miteinander kämpfen, das eine glich unserer Mutter, das andere einer hungrigen Bestie. Als der Mann den Raum verließ, fiel die zweite Kreatur vor Erschöpfung zu Boden, und wir hörten, wie ihre Krallen über den Boden kratzten.

Ich öffnete meine Augen, als ich Jutschi weinen hörte. Ich sah mich um und erinnerte mich sofort an die Ereignisse der schrecklichen Nacht. Anscheinend hatten Ioschiru und ich das Bewusstsein verloren oder aber wir waren schließlich doch trotz der Rufe der Dämonen und dem Dröhnen des Sturmes draußen auf den Straßen eingeschlafen. Der Sturm war jetzt nicht mehr zu hören, aber es konnte auch nur eine Pause zwischen den Böen sein. Ioschiru öffnete ebenfalls die Augen, sah sich um und drückte den weinenden Bruder fest an sich. Doch in diesem Moment verspürten wir plötzlich eine noch größere Angst als die, die uns in der dunklen Nacht die Luft abgeschnürt hatte. Irgendjemand hatte unsere Strohbedeckung von uns genommen! Wir hörten die Laute von demjenigen, der uns gefunden hatte, und begriffen, dass es sich nicht um Asemi handelte. Wir rückten näher aneinander, umarmten uns fest. Das restliche Stroh fiel zu Boden und wir sahen Hiro vor uns. Sein Anblick war schrecklich: rote Augen und ein verzerrtes Gesicht ließen ihn wirklich wie ein Wesen aussehen, das nicht von dieser Welt stammte. Er zitterte und brummte freudig. Wir schrien auf vor Entsetzen. Hiro breitete seine Arme aus. Der Dämon hatte uns doch gefunden!

"A-a-arr", Speichel und Laute, die dem Heulen eines Hundes glichen, kamen aus seinem verzogenen Mund. Er streckte die zittrigen Hände nach uns aus ... Doch statt nach uns zu greifen, presste er seinen Körper an uns und begann zu schluchzen.

Die Nacht der Dämonen hatte doch ein Ende gefunden, war aber an unseren Eltern nicht ohne Folgen vorübergezogen. Unser Vater war in einer Nacht um viele Jahre gealtert. Seine Wangen waren eingefallen, die Lippen verzerrt und seine Augen trübe geworden, hatten ihre frühere Klarheit verloren. Kumikos Haare waren weiß wie Schnee geworden. Sie umarmten uns und blieben lange so sitzen, als hätten sie Angst davor, uns auch nur für einen Moment loszulassen. Auch ich umklammerte sie, atmete tief ihren vertrauten Duft ein und genoss ihre Nähe. Als ich die Augen öffnete und den Blick hob, sah ich Asemi unbeweglich in der Tür stehen. Sie stand ruhig da und beobachtete schweigend diejenigen, die heute die dämonischen Prüfungen durchlaufen hatten.

In jener Nacht, in der der Hurrikan Kanimuri am Ufer gewütet hatte, waren in unserer Provinz alle Kinder unter sieben Jahren spurlos verschwunden. Alle außer uns. Niemand wusste, was in dieser Nacht geschehen war. Die Eltern hatten nichts Ungewöhnliches bemerkt. Als sie am Morgen aufwachten, konnten sie einfach nirgendwo ihre Kinder finden. Es gab keine Anzeichen dafür, dass Räuber sie mitgenommen hätten. Nur das Baby der Familie Kimura war noch da. Den Vater des Kleinen hatte man blutdurchtränkt im Hof gefunden. Neben ihm lag eine Klinge, mit der er sich selbst das Herz durchbohrt hatte.

Erst heute, eine sehr lange Zeit später, verstand ich, wie hoch der Preis war, den die Leute in meinem Dorf für ihren Unglauben und ihre Blindheit bezahlt hatten. Erst jetzt, als Erwachsene, habe ich verstanden, was damals vor einigen Jahrzehnten in der dunklen, von den kalten Winden des Kanimuri durchzogenen Nacht tatsächlich passiert ist. Damals, als kleines Mädchen, glaubte ich, dass wir es waren, die den echten Horror erlebten. Als wir uns vor unseren Eltern verstecken mussten, die sich für eine Nacht lang in Fremde verwandelt hatten. Heute verstehe ich, dass es eigentlich unsere Eltern waren, die wirklich durch die Hölle gegangen sind, als in ihnen Eltern und Dämonen aufeinandertrafen. Es war eine schwere Schlacht, die Hiro und Kumiko gewonnen haben. Sie haben trotz der bösen Zauber, die ihnen von den hungrigen Geistern der Nacht auferlegt worden waren, gewonnen. Wie sich später herausstellte, hatten unsere Eltern damals gedacht, dass wir die Dämonen waren. Irgendwelche Stimmen flüsterten ihnen ins Ohr, dass man uns fangen und aus dem Haus jagen müsste, da wir böse Geister wären, die das Haus verfluchten. So hatten ihr Verstand und Herz in dieser verdammten Nacht um uns gekämpft.

Ich habe dieses Wissen an meine Kinder weitergegeben, habe ihnen die Legende über die Dämonen erzählt, die es vermochten, sich in die Köpfe der Menschen einzunisten. Ich hoffe, dass sie nicht das durchleben müssen, was ich, meine beiden Brüder und meine armen Eltern erleben mussten. Ich habe ihnen aufgetragen, die Legende weiterzugeben. Denn ich weiß, was passieren kann, wenn man die Dämonen der Hurrikanwinde stärker werden lässt als die Liebe zu seiner Familie. Es werden wieder hundert Jahre vergehen, bis die nächste Nacht der Dämonen kommt. Aber es ist wichtig, die Erinnerung wachzuhalten, damit die Menschen, wenn der erste Vorbote des Hurrikans vom Meer her weht, bereit sind.

Schindshu Miura, Mutter von drei Kindern.

Erster Teil

REUE
DIE BESTIALISCHE FRATZE DER "MENSCHHEIT"

ERKENNTNIS

"Früher dachte ich, dass ein Mensch nicht mehr weint, wenn er erwachsen ist, aber es stellte sich heraus, dass er dann anfängt zu weinen, wenn er begreift, was in der Welt vor sich geht."[3]

William Saroyan, "Menschliche Komödie"

---

3) Eigene Übersetzung, Anm. d. Übers.

Wir saßen neben dem prasselnden Ofen und hielten Tassen mit heißem Tee in den Händen. Danilytsch und ich. Der Jäger und der Schüler.

Der Seher malte einen Punkt in sein Notizbuch und zeigte darauf.

"Das ist der *Zugang* zu einer neuen Weltanschauung. Das ist der *Zugang* zu den *Lichtschatten*."

Ich schaute mir den Punkt aufmerksam an und wartete darauf, dass der Seher weitersprach.

"Das ist der ANFANG DER JAGD. Wir nennen diese Philosophie die '*fünf Ringe der Kraft*'. In sie eintauchen kannst du nur unter einer bestimmten Voraussetzung - wenn du deine jetzige Natur aufgibst."

METANOIA

●

Prolog

DIE DUNKLE WELLE

(Taiga, Altai, Februar 2014)

"… Von dort, von hinter diesen wunderschönen grünen Hügeln wird der *dunkle Wind* zu uns kommen. Früher oder später wird er ganz plötzlich über jeden von uns hereinbrechen und alle Härte in uns auflösen. Und in diesem unheimlichen Gewitter werden wir uns bewegen, vollkommen ungehemmt: Weder unser menschlicher Körper, noch der Wille und die Aufmerksamkeit von anderen, nicht unsere eigenen Gefühle, Erwartungen oder Ängste können uns einschränken. Das Letzte, was wir in der uns vertrauten Welt tun können, ist zu tanzen und zu lachen, denn von nun an wird uns nichts mehr im Wege stehen, nichts mehr wird von Bedeutung sein. Als Ganzes, mit Haut und Haar, werden wir uns dem Tod und der Magie hingeben, die Ekstase des Abschieds und der Einheit erleben, entsetzt und voller Ehrfurcht vor der bevorstehenden Freiheit. Wir werden uns an alles erinnern, was uns in diesem Leben begleitet hat, und wir werden der Welt und denen, die geblieben sind, eine gute Nacht und einen hellen Tag wünschen. Dann wird uns der *Wind* mit seinem schimmernden Vorhang bedecken und uns auf den dunklen, aber von Augenblick zu Augenblick heller werdenden Flügeln vorwärts und nach oben tragen, durch die *Dunkelheit* und hin zum *Licht*, ins Unbekannte ...“

A. Korobeishchikov. “ITU-TAI”.

Ein Blitz ... Das Gefühl des Fliegens ... Krämpfe ...

Ich beugte mich nach vorne, öffnete die Augen und saugte tief die stickige Luft ein. Mein erster Gedanke war: "Wo bin ich?" Ich schaute mich um und blickte aufmerksam in die mich umgebende Dunkelheit. Es dauerte ein paar Sekunden, bis ich verstand, dass ich nach wie vor in meiner Jagdhütte auf der harten Liege lag, unter meiner nassgeschwitzten Decke. Alles andere war ein Traum gewesen. Aber was für ein klarer Traum! Selbst jetzt, da ich wusste, dass ich aufgewacht war, konnte ich nur schwer sagen, was realer wirkte - die nächtliche Hütte in den Bergen im Altai oder die gigantische *dunkle Welle*, die wie ein schwarzer Tsunami vom Horizont gekommen war und die wie eine himmelhohe Feuerwand durch mich hindurch gerollt war. Ich konnte geradezu physisch die Folgen ihrer Berührung mit meinem Körper spüren! Das Gefühl glich einem elektrischen Schlag, keinem heftigen, eher einem sanften, so als hätte die *Welle* mich in sich aufgelöst und mein innerstes Wesen mit einer fremdartigen Energie durchdrungen. Es war höchst unangenehm. Es fühlte sich an, als wäre ein Teil von mir gestorben, als die *Dunkelheit* mich durchdrungen hatte.

Ich saß auf der Liege und versuchte, mich an die Einzelheiten dieses seltsamen Traumes zu erinnern. Ich hatte die Traumbilder noch immer klar und deutlich vor Augen, wie ein Videofilm in guter Qualität: Ich stand an einem hohen steilen Ufer und blickte in die Ferne zum Horizont, wo die bunten Felder der Aue auf die blauen Flussarme trafen. Was für ein majestätischer, faszinierender Anblick, einfach atemberaubend. Ich horchte in mich hinein und verstand, dass ich nicht einfach nur die Weiten bewunderte, sondern auf etwas wartete. Aber worauf? Ich atmete tief ein, konnte aber meine Lungen kaum mit der schweren Sommerluft füllen, die nach den ringsum wachsenden Gräsern duftet. Das Atmen fiel mir sehr schwer. Als würden unsichtbare Schlingen meine Brust zuschnüren. Was war das? Aufmerksam beobachtete ich meine Empfindungen. Mein Körper wurde von einem leichten Zittern erfasst. Als ob mich eine Vorahnung überwältigt hätte. Eine Vorahnung wovon? Intuitiv wusste ich, dass meine Erwartungen irgendwie mit der Horizontlinie zu tun hatten. Ich schaute aufmerksam in die Ferne, konnte aber nichts Ungewöhnliches entdecken.

VORAHNUNG. Obwohl in dieser Welt noch nichts geschehen war, spürte etwas in mir bereits die Veränderung. Plötzlich erschien vor dem türkisfarbenen Himmel, der den Verlauf des Horizonts abzeichnete, etwas Formloses und Dunkles. Ich kniff die Augen zusammen und versuchte zu verstehen, was ich da sah. Nach wenigen Minuten wusste ich es. Es waren Vögel. Hunderte, Tausende von Vögeln. Sie flogen in einer dichten Wolke genau auf mich zu. Ich konnte ihr Flügelschlagen und ihre durchdringenden Schreie hören. So etwas hatte ich noch nie gesehen. Es waren so viele Vögel, dass es von Weitem wie eine Gewitterwolke aussah, anstelle von Donnergrollen waren aber die verzweifelten Laute verängstigter Wesen zu hören. Der Geschwindigkeit und dem Getöse der gefiederten Himmelsbewohner nach zu urteilen, mussten sie Todesangst haben. Irgendwo hatte ich gelesen, dass Lebewesen in freier Wildbahn so reagieren, wenn geologische Veränderungen auftreten, wie es normalerweise bei einer Naturkatastrophe der Fall ist. Mir wurde ganz unbehaglich zumute. Nein, ehrlich gesagt verängstigte mich der Anblick der Vögel, die den ganzen Himmel über mir ausfüllten. Ich konnte ihr Entsetzen spüren, es ging auf mich und die gesamte Umgebung über. Ich verstand, weshalb mein Körper zitterte. Er konnte etwas spüren. Mein Verstand konnte den Ursprung der Bedrohung noch nicht ausmachen, aber etwas in mir reagierte zweifellos bereits auf die unbekannte

Gefahr. Die Vögel füllten den ganzen Himmel über mir und flogen wie ein riesiger dunkler Wirbelsturm davon. Ein Hagel aus Vogelkot regnete auf das grüne Gras herab. Die Luft war stickig, sie roch nach Exkrementen und Angst, dieser Geruch legte sich über den Duft der Feldblumen. Der Himmel raschelte mit den Flügeln und heulte herzzerreißend. Ich nahm meinen Mantel von den Schultern und warf ihn mir über den Kopf, weniger um mich vor den beißenden Tropfen zu schützen, sondern vor allem um diese schrecklichen Geräusche etwas auszublenden. In diesem Augenblick zogen die unten liegenden Wiesen meine Aufmerksamkeit auf sich. Auch sie bewegten sich. Tiere rannten dort unten. Hasen, Biber, Füchse, Hirsche und Wölfe. Eine riesige lebendige Wolke, die jetzt nicht nur den Himmel, sondern auch noch die Erde bedeckte. Diejenigen, die vor einigen Minuten noch unerbittliche Feinde waren, rannten jetzt Seite an Seite, um der unbekannten Gefahr zu entfliehen. Entsetzt sank ich auf meine zitternden Beine, die Knie berührten den Boden. Einer der großen Flussarme trennte mich von den Wiesen voller verängstigter, wilder Tiere. Ohne den Fluss zwischen uns, gäbe es für mich keine Möglichkeit, mich irgendwo vor der näher rückenden Herde zu verstecken. Doch auch die Wasserbarriere stellte nicht wirklich eine Grenze dar. Eine Menge verschiedener Tiere landete kreischend im Fluss. Beunruhigt sog ich erneut Luft ein. Was passierte hier nur gerade? Von dem Zittern waren meine Beine wie aus Watte und ich musste mich auf die Erde setzen und sie mit den Armen umschlingen. Ich schaute wieder nach unten. Inmitten der Hirsche und großen Raubtiere waren Hunderte kleinere Tiere, sie rammten sich gegenseitig, stürmten heulend und kreischend den Fluss. Was konnte sie nur derart erschrecken? Ich bekam die Antwort wenige Augenblicke später. Die Erde unter mir sank etwas ab und hob sich gleich darauf wieder. Es war, als hätte der Planet unter meinen Füßen schwer ausgeatmet. Ein Erdbeben! Das war also der Grund ...

Erschreckt fuhr ich auf, stand auf den zitternden Beinen und wartete auf das nächste Beben, welches aber ausblieb. Die Welt um mich herum war plötzlich eingefroren. Die Vögel hingen förmlich in der Luft. Sie hingen dort wie auf dem Bild eines Videoprojektors, der auf Pause gestellt war. Dasselbe passierte mit den Tieren am Boden. Die Zeit war stehen geblieben. Mit Mühe hob ich den Kopf, blickte zum Horizont und sah SIE. Das Erdbeben war nicht der Grund für all das Chaos und Entsetzen. Es war nur die Folge. Mein Körper wusste es genau und sandte verspätete Signale an das verängstigte Gehirn. Ein schmaler, blendender Lichtstreifen, der in einer langen Linie am Horizont aufstieg, war der Auslöser für die tierische Panik. Ich schaute genauer hin. Es war wie die Druckwelle eines Atomfeuers, die die Linie zwischen Himmel und Erde bildete. Sie kam auf mich zu und wurde immer größer. Das Feuer war so intensiv, dass die WELLE erschreckend schwarz aussah. Ich sank erneut kraftlos zu Boden. So sah es also aus ... So entsteht also die Wand eines Atomfeuers am Horizont und breitet sich in alle Richtungen aus, fegt alles weg, was ihr in den Weg kommt. Mein Körper war vollkommen apathisch, so als hätte das Adrenalin in den Venen alle motorischen Funktionen abgeschaltet und die Todesangst unterdrückt. Ich saß einfach nur da und sah gedankenlos auf diese unheimliche WELLE in der Ferne. Die wilden Tiere rannten mittlerweile auch nicht mehr. Es schien, als hätten sie die Sinnlosigkeit darin erkannt und all ihre Überlebensinstinkte abgestellt. Sie drehten sich um in Richtung Horizont und schauten wie eine Einheit verzaubert auf die sich nähernde WELLE. Ich blinzelte. Diese simple Bewegung schien mein vom betörenden Spektakel gelähmtes Gehirn wieder zu aktivieren.

“Halt. Bei einer atomaren Explosion müsste es einen Atompilz geben. Aber es gibt keinen Pilz ...” Die WELLE bewegte sich unaufhaltsam, schnell und absolut lautlos über den Planeten. Im Geiste berechnete ich ihre ungefähre Höhe. Sie hatte keine klaren

Konturen, aber ihr oberer Rand, der in der Dunkelheit schimmerte, befand sich einige hundert Meter, vielleicht einen Kilometer, über der Erde. Wenn es nicht so still wäre, hätte man sie für einen gigantischen Tsunami halten können. Aber die WELLE erinnerte einfach an einen schwarzen Stoffstreifen, der in der Ferne auf die Erdkugel geklebt worden ist. Ein Streifen, der mit jeder Sekunde größer wurde. Sie kam näher und mir wurde klar, dass sie in wenigen Minuten hier sein würde. Sogar aus der Ferne strahlte sie ein Gefühl des Todes, der Zerstörung und noch etwas anderes aus, etwas Tieferes, das sich der gewöhnlichen menschlichen Wahrnehmung entzog. Was tut man in solch einem Moment? Sich an das Beste, das einem im Leben passiert ist, erinnern? Sich in Gedanken von Verwandten und geliebten Menschen verabschieden? In meinem Kopf herrschte Chaos und ich fühlte mich ratlos, angesichts des Unvermeidlichen. Die WELLE kam unaufhaltsam näher. Plötzlich erklangen in meinem Kopf seltsame Worte aus einer fernen Vergangenheit, es war, als würde ein Unsichtbarer hinter mir stehen und sie mir direkt ins Ohr flüstern.

"... Von dort, von hinter diesen wunderschönen grünen Hügeln wird der dunkle Wind zu uns kommen ..."

Die WELLE war zu einer riesigen dunklen Wand geworden, die jetzt ganz nah war. Ich stand auf und breitete die Arme wie zwei Flügel zu den Seiten aus. Die blendende Schwärze kam näher, verdeckte die Sonne und den Himmel über mir. Eine Vorahnung ließ mich zusammenzucken, ich nahm Anlauf und sprang vom Abhang, direkt in die glänzende Schwärze hinein, lauthals schreiend, ohne zu verstehen ob aus Angst oder aus Begeisterung ...

Ein Blitz ... Das Gefühl des Fliegens ... Krämpfe ...

Langsam drehte ich mich auf die Seite und erhob mich von der Liege. Mein Körper war noch immer schwach und leicht zittrig. Ich warf mir den Pelz über die Schultern und öffnete die

Tür. Eisige, frische Luft strömte in den Raum, eine kalte Brise breitete sich angenehm am Boden und im ganzen Körper aus. Genussvoll füllte ich meine Lungen mit dieser Frische und trat ins Freie. Um mich herum ruhte still die ewig schlafende Taiga unter ihrer Schneedecke. Es war vollkommen ruhig. Plötzlich war mir völlig klar, dass meine Zeit in der Taiga vorüber war. Ich musste in die Stadt zurückkehren. Das war nicht einfach nur ein Traum gewesen. Die Schamanen bezeichnen solche Träume als *große Träume*. Normalerweise sind sie Vorboten von Veränderungen in der materiellen Welt. Diese *Welle* war ein *Zeichen*, das ich nicht ignorieren durfte. Irgendetwas war heute Nacht in der Welt geschehen. Ich musste in die Stadt zurück, um diese Veränderungen, für die die bedrohliche *dunkle Welle* in meinem *Traum* stand, aufzuspüren.

Sollte das etwa ...? Daran wollte ich nicht denken. Aber diesen Tag erwartete ich schon seit Langem. Seit fast eineinhalb Jahren. Seit damals, als ich auf dem internationalen Anthropologiekongress in Mexiko gewesen war. In seiner Eröffnungsrede hatte der Leiter des Kongresses, der peruanische Schamane Lauro, über ein globales Ereignis gesprochen, das auf die Menschheit zukommen würde. Er sprach darüber, dass viele Schamanen das Gefühl hätten, dass etwas Neues komme, um den ausklingenden *Zyklus* abzulösen. Doch worum es sich dabei genau handelte, konnte niemand von ihnen sagen. Als ob sich dieses Neue in der Dunkelheit versteckt halten würde. Und hier war nun die *Welle* aus dem *großen Traum*. Wenn ich morgen in der Stadt herausfinden würde, dass etwas Großes und Fundamentales in der Welt geschehen war, dann war die *Welle* nicht nur ein Produkt meines schlafenden Verstandes.

Morgen. Ich blickte zum Himmel, der mit Tausenden von Sternen bedeckt war, dann schaute ich in die Hütte. In diesem Moment überkam mich ein seltsames Gefühl, irgendwie als würde etwas in mir dieses Bild kommentieren. Die winzige Jagdhütte und der riesige Sternenhimmel über meinem Kopf. Und da stand ich, versteinert auf der Türschwelle, während ich zu verstehen versuchte, was dieser Moment bedeutete. Das Alte, Bequeme, aber Enge und Begrenzte würde zu einem Ende kommen, das Neue, Große und Grenzenlose stand bereit. Diese Erkenntnis stimmte mich wehmütig und freudig zugleich. Ein Teil in mir war unheimlich traurig darüber, dass etwas zu Ende ging. Ein anderer Teil freute sich auf die bevorstehende Freiheit. Ich fröstelte, beugte mich nach unten und griff eine Handvoll kalten Schnee, mit dem ich mir das Gesicht wusch. Dann war es eben so. Das wird morgen sein. Heute verweile ich noch ein bisschen in meiner Vergangenheit. Ich werde jetzt zurück in die Hütte gehen, Brennholz in den Ofen legen und den Rest der Nacht über heißen Kräutertee trinken und die letzten Stunden in der Taiga genießen. Wenn der Morgen anbricht, werde ich die Hütte abschließen und mich auf den Weg in die Stadt machen. Dorthin, wohin in meinem *Traum* die dunkle, himmelhohe Wand verschwunden ist. Dorthin, wo ich herausfinden muss, ob all das meiner Fantasie entsprungen ist oder ob es tatsächlich den Beginn einer neuen Ära einläutet. Morgen früh mache ich mich auf den Weg und folge der *Welle* ...

"EIN ZUFÄLLIGES TREFFEN ..."

(Moskau, 2015, Frühling)

"Das Schicksal ist nicht dumm, es führt die Menschen nicht umsonst zusammen!"[4]

Max Frei

Eines Tages erhielt ich einen Anruf.

"Andrej Witaljewitsch?"

"Ja."

"Guten Tag. Mein Name ist Elvira. Ich habe Ihre Nummer von einem gemeinsamen Bekannten bekommen, Karew Michail, er hat mir geraten, Sie um Hilfe zu bitten. Darf ich seinem Rat folgen?"

"Das dürfen Sie, aber ich weiß nicht, inwieweit ich Ihnen helfen kann."

"Könnten wir uns persönlich treffen? Ich weiß, dass Sie nur ungern auf solche Bitten eingehen, aber glauben Sie mir, die Sache ist äußerst wichtig für mich. Mischa[5] meinte, dass nur Sie mir helfen könnten."

---

4) Eigene Übersetzung, Anm. d. Übers.
5) Anm. d. Übers.: Mischa ist im Russischen die Kurzform für "Michail"

“Erklären Sie mir bitte kurz, worum es geht. Vielleicht macht ein Treffen gar keinen Sinn. Es kann sein, dass Michail meine Fähigkeiten falsch einschätzt.”

“Genau deshalb bitte ich Sie ja um ein Treffen. Am Telefon kann ich nur schwer erklären, was passiert ist. Ich brauche zumindest Ihre Einschätzung, das wäre schon eine große Hilfe für mich. Mischa bezeichnete Sie als Spezialisten im Problemlösen.”

Ich schnaubte in den Hörer. Elvira wurde verlegen.

“So habe ich es nicht gemeint. Er hat Sie empfohlen, da er meint, Sie seien jemand, der schwierige Knoten lösen könne. Außerdem hat er gesagt, dass Sie mit den schamanischen Praktiken vertraut seien. Glauben Sie mir, ich würde mich eigentlich nicht an Sie wenden, aber die Situation ist äußerst verworren. Ich brauche zumindest einen Rat. Falls Sie mir nichts sagen können, werde ich Sie für die verlorene Zeit entschädigen und gehen. Aber hören Sie mich wenigstens an! Bitte!”

“Na gut, wir können uns treffen, aber ich verspreche Ihnen nichts.”

“Hervorragend! Vielen Dank! Sagen Sie mir, wo Sie sich aufhalten, ich werde den nächsten Flug zu Ihnen buchen.”

“Ich bin in Moskau.”

“Na bitte! Das ist ja ein Glück! Ich muss noch nicht einmal zu Ihnen fliegen, ich bin auch in Moskau. Wann und wo kann ich Sie treffen?”

Ein paar Stunden später trafen wir uns in einem gemütlichen kleinen Café. Elvira erwies sich als eine schöne, attraktive Frau von ungefähr fünfunddreißig Jahren. Ihre Umgangsformen ließen auf viel Gesprächserfahrung und Selbstvertrauen schließen.

“Guten Tag, Andrej”, sie lächelte umwerfend und streckte mir eine zierliche Hand entgegen. “Elvira.”

“Sehr angenehm.”

“Ich danke Ihnen, dass Sie sich die Zeit genommen haben, mich zu treffen. Vielleicht hat Mischa es falsch eingeschätzt, wie sehr Sie in meiner Situation behilflich sein können, aber ich muss diese Chance unbedingt ergreifen.”

Die Kellnerin brachte zwei Tassen heißen, duftenden Kaffee.

“Karew sagte mir, Sie hätten bei den Altai-Schamanen gelernt, stimmt das?”

Ich schaute meinem Gegenüber aufmerksam in die Augen und versuchte zu verstehen, aus welchem Grund sie dieses Treffen vereinbart hatte.

“Ich habe bei den *Jägern* gelernt. Von manchen werden sie als Schamanen bezeichnet.”

Elvira nickte.

“Ich habe im Internet über Sie gelesen. Ich denke, dass Sie genau die Person sind, die ich brauche. Meine Situation ist etwas ungewöhnlich und erfordert, na ja sagen wir, eine nicht ganz alltägliche Herangehensweise. Ein gewöhnlicher Mensch wird mich nicht verstehen, aber ein Schamane ...”

Ich lächelte.

“Ich habe mit Schamanen gesprochen, aber ich bin kein Schamane. Ich bin ein *Jäger*.”

Elvira fuhr mit der Hand über den Tassenrand.

“Ja, ich verstehe. Aber auf jeden Fall kennen Sie ihre Weltanschauung. Es ist nämlich so, dass ich mit schwarzer Magie in Berührung gekommen bin.”

Sie sah zu mir auf. Ihre Wimpern zitterten. Es war offensichtlich, dass sie tatsächlich vor irgendetwas Angst hatte. Ich hob die Schultern.

“Ich bin aber kein Spezialist für Magie.”

Die Frau verschränkte ihre Hände.

“Ich habe mich nicht ganz richtig ausgedrückt. Ich erzähle am besten der Reihe nach. Die Sache ist die, dass mein Mann, ein recht bekannter Geschäftsmann, mit etwas konfrontiert worden ist, das unbegreiflich und sehr beängstigend ist. Das war vor einem halben Jahr. Die letzten Jahre waren eine echte Tortur für ihn, er stand nur unter Stress: Probleme bei der Arbeit, mit der Gesundheit, in der Familie. So hat er vor einem halben Jahr beschlossen, wie man so sagt, 'mit einem Federstrich' alles in Ordnung zu bringen. Er gab dem Geschäftsführer die entsprechenden Anweisungen, verließ seine alte Familie und ging nach Afrika für eine Jeep-Tour. Von dort kehrte er in einem schrecklichen Zustand zurück, er musste auf der Intensivstation versorgt werden! Irgendetwas muss dort geschehen sein, entweder war er von Banditen überfallen worden oder in einen Unfall geraten, etwas Genaues weiß ich nicht, aber auf jeden Fall war er mehrere Tage bewusstlos. Die Lage war sehr ernst. Er hatte zwar keine gefährlichen Verletzungen, nur Hämatome und Prellungen, aber er hat mehrere Tage im Koma gelegen! Die Ärzte waren ratlos. Und als er zu sich gekommen ist, war er ungefähr einen Monat lang vollkommen apathisch. Mir kam es so vor, als hätte man all seine Energie ausgesaugt. Seine Augen sind leer. Er schläft überhaupt nicht. Und wenn er aufwacht, schreit er hysterisch: 'Hexe! Hexe!' Ich weiß nicht, was ich noch tun soll. Ich habe oft versucht, mit ihm darüber zu sprechen. Ich bin schließlich ausgebildete Psychologin. Aber er lässt sich auf kein Gespräch über dieses Thema ein. Er sagt, alles sei in Ordnung, aber ich spüre, dass die Dinge sehr schlecht stehen. Es ist, als hätte er seine Seele in Afrika zurückgelassen. Auch an einen Spezialisten will er sich partout nicht wenden. Und so bin ich auf die Idee gekommen, dass ein Spezialist für Schamanismus mir sicherlich irgendwie helfen könnte. In Ihren Büchern schreiben Sie schließlich über solche Dinge. Aus diesem Grund bin ich zu Ihnen gekommen, um mir Hilfe zu holen - oder zumindest einen Ratschlag. Gibt es etwas, das Sie mir in dieser Situation raten können? Oder können Sie mir vielleicht irgendeinen Meister empfehlen? Vielleicht einen Ihrer *Lehrer* oder einfach einen bekannten Schamanen?"

Ich nahm einen Schluck Kaffee, blinzelte und schaute meine Gesprächspartnerin an.

"Elvira, ich will Ihnen nichts vormachen. Ich habe keine derartigen Kontakte und um solche Probleme zu lösen, bin ich nicht qualifiziert genug. Außerdem kommt hinzu, dass Ihr Mann offensichtlich nicht vorhat, diese Situation selbst in Angriff zu nehmen, wenn ich es richtig verstehe."

Elvira nickte traurig.

"Ja, Witalij teilt meine Besorgnis nicht. Er steht dieser Art von Wissen überhaupt sehr skeptisch gegenüber. Er schiebt seine Probleme auf rein materielle Gründe, vor allem auf den angestauten Stress. Ich weiß aber, dass es nicht wirklich am Stress liegt. Dort in Afrika ist irgendetwas mit ihm passiert, etwas sehr Schreckliches, weshalb er als ein völlig anderer Mensch zurückgekehrt ist."

Heimlich warf ich einen Blick auf meine Uhr.

"Sie sagten, Mischa habe mich als einen Spezialisten für das Lösen von Knoten empfohlen. Tatsächlich habe ich mich früher einmal mit diesen Dingen beschäftigt. Es ist wirklich so, dass jedes Problem im Leben einem Knoten gleicht, den man im Prinzip 'entwirren' kann. Doch eines kann ich Ihnen sicher sagen: Um einen Knoten zu lösen, muss man es zumindest wollen. Darüber hinaus ist die direkte Teilnahme des Menschen, dessen Lebensknoten gelöst werden soll, unabdingbar. Ich selbst löse keine Probleme, man könnte sagen, dass ich ein Berater bin. Den Knoten entwirren muss jeder selbst, ich kann nur helfen."

"Na dann helfen Sie!", sagte Elvira mit Nachdruck, während sie sich etwas nach vorne lehnte.

"Ich kann nur dann helfen, wenn die betroffene Person mich selbst um Hilfe bittet."

Mein Gegenüber lehnte sich auf die Stuhllehne zurück.

"Das ist aber nicht möglich! Witalij versteht den Ernst der Lage nicht. Früher oder später wird er es einsehen, aber ich befürchte, dass es dann zu spät sein wird. Andrej, Sie wissen doch, dass die Zeit in solchen Fällen manchmal eine wesentliche Rolle spielt."

Ich hob bedauernd die Hände.

"Eine andere Möglichkeit gibt es aber nun einmal nicht. Ich kann den Knoten lockern, aber gelöst werden kann er nur von dem Menschen, der ihn gebunden hat. Man könnte ihn natürlich zerschneiden, aber ich bin nicht Alexander der Große und kann Probleme nicht auf solch eine direkte Weise lösen."

Eine Minute lang herrschte Stille. Die Frau dachte konzentriert über etwas nach.

"Na gut, aber was wäre, wenn ich, sagen wir, ein Treffen zwischen Ihnen beiden organisiere? Unauffällig, unter irgendeinem Vorwand. Könnten Sie dann helfen? So könnten Sie ihn beobachten, vielleicht wird Ihnen manches klarer werden?"

Ich schüttelte den Kopf.

"Ich führe schon lange keine Einzelberatungen mehr durch. Und Geld spielt hier keine Rolle", sagte ich und verhinderte somit ein großzügiges Angebot. "Es geht mir dabei ums Prinzip."

"Nun, Sie haben ja auch die Zeit gefunden, sich mit mir zu treffen", sagte Elvira mit einem leichten Stirnrunzeln.

"Das ist etwas anderes. Wenn Ihr Mann diesen Knoten wirklich lösen will, dann lade ich ihn ein, mein Seminar zu besuchen. Es wird in vier Tagen stattfinden."

Elvira lächelte spöttisch.

"Von einem Seminar kann ich ihn sicher nicht überzeugen."

"Das bedeutet, dass es noch nicht dringend genug ist, den Knoten zu lösen."

"Ich glaube außerdem, dass ein Seminar in dieser Situation nicht gerade das passende Format ist. Ich habe schließlich selbst Erfahrung in der Trainingspraxis. Hier ist vielmehr eine individuelle Tiefenarbeit vonnöten. Vor allem wenn man bedenkt, wie skeptisch Witalij allem gegenübersteht, das man mit bloßem Auge nicht sehen kann. Andrej, können wir nicht doch ein Treffen zwischen

Ihnen und ihm organisieren und es wie eine psychologische Beratung aussehen lassen? Dazu könnte ich ihn noch überreden."

"Ich fürchte, das wäre der falsche Weg. So ist es hoffnungslos. Sie wollen tief tauchen und halten sich gleichzeitig mit einem Rettungsring an der Oberfläche. Das sind zwei Wünsche, die sich gegenseitig ausschließen."

"Aber für einen Meister von Ihrer Größe ist es doch ein Leichtes, einen Menschen von außen zu beobachten und vieles zu erkennen."

"Sie schlagen also vor, dass ich anstelle Ihres Mannes tauchen gehe? Damit er ruhig an der Oberfläche schwimmen und warten kann, bis ich die ganze Arbeit getan habe?"

"Nun ja ... Es gibt bestimmt irgendetwas, das man tun kann, um einem Menschen zu helfen, ohne dass er selbst aktiv wird?"

Ich lehnte mich ein wenig nach vorne.

"Es ist möglich, den Knoten zu lockern, aber nicht, ihn zu lösen. Es wirkt verlockend, die Verantwortung für das eigene Leben an einen Schamanen abzugeben, aber ich betone noch einmal, dass jeder Mensch seinen Knoten selbst lösen muss."

"Und was, wenn der Mensch dazu noch nicht bereit ist? Soll man etwa einfach zusehen, wie er stirbt?"

"Warum sind Sie der Meinung, dass er noch nicht bereit ist?"

Elvira dachte einige Sekunden lang nach.

"Ich sehe es einfach."

"Haben Sie noch nie daran gedacht, dass dies vielleicht nur Ihre persönliche Einschätzung der Situation sein könnte? In Wahrheit könnte es ganz anders sein. Nicht selten wollen wir überstürzt einen Menschen retten, ohne daran zu denken, dass unsere 'Rettung' für ihn eigentlich sogar von Nachteil sein könnte."

"Aber es gibt ja schließlich auch objektive Kriterien. Zum Beispiel wenn ich sehe, dass sich ein Mensch einfach vor meinen Augen auflöst."

“Ich spreche gerade von ‘Rettungsmethoden’. Es kann sein, dass man jemandem nur einen kleinen Schubs zu geben braucht, damit er selbstständig mit der Situation fertig werden kann. Man sollte nicht versuchen, es für ihn zu tun. Aus diesem Grund schlage ich Ihnen Folgendes vor: Laden Sie Ihren Mann zum Training ein. Er muss verstehen, worauf er sich einlässt und welchen Nutzen es für ihn hat. So sieht meine Vorgehensweise aus. Ich möchte noch einmal betonen, dass ich in dem Seminar sehr wichtige Informationen darlege, die ihm dabei helfen können, viele fundamentale Dinge zu begreifen. Das ist der erste Schritt, den ein Mensch machen muss, um auf seinen Knoten zuzugehen. In gewisser Weise muss er zeigen, wie ernst seine Absichten sind.”

Elvira zögerte.

“Ich verstehe. Es ist nur so, dass Witalij ein hochrangiger Geschäftsmann ist, der, wie soll ich sagen, daran gewöhnt ist, seine Probleme allein, in einem nur sehr engen Kreis von Spezialisten zu lösen.”

Ich lächelte.

“Es ist für ihn also inakzeptabel, zehn Stunden lang von anderen Menschen umgeben zu sein?”

Elvira lächelte zur Antwort.

“Na ja, Sie verstehen doch, wie ich es meine.”

Ich nickte.

“Natürlich verstehe ich es. Deshalb wiederhole ich es noch einmal. Ein gemeinsames Training ist der erste Schritt hin zur Überwindung innerer Überzeugungen, die es einem Menschen unmöglich machen, sich für neues Wissen zu öffnen. Wenn jemand der Meinung ist, dass dieses Wissen für ihn lebensnotwendig ist, ist er für alles bereit, überhaupt für so eine Kleinigkeit wie Gruppengespräche. Ganz nebenbei bemerkt, in den Seminaren sind immer viele interessante Leute, auch Geschäftsmänner von hohem Rang. Wenn ein Mensch nicht bereit ist, an solch einem Seminar teilzunehmen, heißt das, dass es für ihn nicht lebensnotwendig ist, den Knoten zu lösen. Das bedeutet auch, dass man dafür keine Zeit vergeuden muss."

"Haben Sie vielleicht irgendwelche Handbücher? Damit er sich zumindest im Voraus mit dem Thema vertraut machen kann."

Ich schüttelte den Kopf.

"Der Wert des Trainings liegt nicht in der Vermittlung methodischen Materials. Das Training ist ein Mysterium, eine *Jagd,* die gerade Möglichkeiten eröffnet, um die Knoten zu lösen, die die Menschen ersticken. Außerdem mache ich nie Werbung für meine Seminare. Ich informiere nur über sie, damit nur diejenigen Leute ihren Weg zum Training finden, die diese unleugbare Macht spüren, die sie zu einer bestimmten Zeit an einen bestimmten Ort führt. Das Training ist ein *Eintrittspunkt*, ein Tor in eine andere Welt. Doch auch den Teilnehmern ist es nicht immer möglich *einzutreten*. Es ist eine Frage der inneren Bereitschaft."

Ich verstummte und schaute meine Gesprächspartnerin an. Sie war offensichtlich verzweifelt und ratlos.

"Anstelle eines Handbuchs möchte ich Ihrem Mann einen meiner Romane geben, er soll ihn ruhig lesen. Vielleicht wird er etwas darin entdecken, das uns momentan überhaupt nicht in den Sinn kommt. Auf diese Weise kann sich alles ändern, das passiert ziemlich oft."

Ich nahm zwei in Karton verpackte Bücher aus meiner Tasche und gab sie Elvira.

"Manchmal dient ein Buch als Visitenkarte."

Die Frau nahm die Bücher, drehte sie interessiert in ihren Händen und betrachtete den Einband. Ich lächelte.

"Sollten sie ihm nicht gefallen, können Sie sie selbst lesen. Vielleicht finden Sie darin auch einige interessante Informationen."

Elvira winkte ab.

"Danke, Andrej. Ich werde ihm die Bücher geben, denke aber kaum, dass er so etwas lesen wird. Worum geht es darin denn?"

Ich blickte nachdenklich auf die Bücher in ihren Händen.

"Es ist eine Geschichte, die mir widerfahren ist, als ich dabei war, einen meiner Knoten zu lösen. Übrigens war damals auch schwarze Magie mit im Spiel. Als ich mich auf den Weg zu unserem Treffen machte, habe ich dieses Buch wohl nicht zufällig in meine Tasche gepackt. Vielleicht reicht diese Geschichte aus, um Witalij aufzuzeigen, dass er bereits einen Knoten um sich herum gespannt hat, und er muss gar nicht zum Training kommen. Manchmal kann ein Buch schon ein ganzes Seminar ersetzen."

Elvira lächelte zaghaft.

"Kann sein. Schicken Sie mir für alle Fälle bitte Ort und Zeit des Seminars. Sie haben recht, in diesem Leben kann tatsächlich alles Mögliche passieren."

Drei Tage später, am Vorabend des Trainings, rief Elvira mich an. In ihrer Stimme schwang unverhohlenes Erstaunen mit:

"Andrej, es ist völlig überraschend für mich, aber Witalij hat gesagt, dass er Sie kennenlernen möchte, und er ist sogar bereit, an Ihrer Veranstaltung teilzunehmen."

"Hat er das Buch gelesen?"

"Ja. Zuerst hat er eines der Bücher nur flüchtig durchgeblättert, dann aber hat irgendein Absatz sein Interesse geweckt. Er hat beide Bücher in einer Nacht komplett gelesen. Heute Morgen hat er gesagt, dass er Sie treffen möchte. Ich habe ihm erklärt, dass ein Treffen nur im Rahmen des Seminars möglich ist, woraufhin er sofort zugestimmt hat. Es ist mir ein Rätsel ..."

Training

DER EINTRITTSPUNKT

(Moskau, Frühling 2015)

"Habt vor nichts Angst. Wer Angst hat, wird scheitern. Angst ist im Alltag manchmal zulässig. Aber im entscheidenden Moment müsst ihr die Angst vertreiben. Wenn ihr auch nur einen Augenblick lang zweifelt, werdet ihr eine Niederlage erleben."[6]

Takuan Sōhō

Ich betrat den Saal, als sich der Großteil der Gruppe bereits versammelt hatte. Die ersten Reaktionen: Manche lächeln und sagen "hallo", andere beobachten nur von ihrem Platz aus. Das sind die Neulinge. Diejenigen, die von mir gehört haben, wahrscheinlich

---

6) Eigene Übersetzung, Anm. d. Übers.

meine Bücher gelesen haben, aber zum ersten Mal in solch einem Format Bekanntschaft mit mir schließen. Eine gewöhnliche Situation. Ganz zu Beginn ist es die Aufgabe eines jeden Trainers, die Anspannung zu lösen und die einzelnen Teilnehmer zu einer gemeinsamen Gruppe zu vereinen. Aus diesem Grund sollte man immer mit etwas Neutralem beginnen. Ein paar allgemeine Sätze. Wir saßen, warteten, bis sich auch die Übrigen eingefunden hatten. Da uns heute eine ernste Diskussion bevorstand, bemühte ich mich, der Gruppe regelmäßig zuzulächeln. Manche hatten eine Tasse dampfenden, heißen Kaffee in den Händen. Ich blickte in die Gesichter der Teilnehmer, stellte mich auf die Gruppe ein. Es war wichtig für mich, alle Anwesenden zu spüren. Dabei ging es nicht um Psychologie, es ging um eine tiefere Ebene. Im Saal begann eine unsichtbare und unterschwellige Arbeit. Manch einer begegnete bereitwillig meinem Blick und lächelte. Ein anderer versuchte, in mich hineinzufühlen und schaute mich mit einem klaren, bedeutungsvollen Blick an. Jemand wandte den Blick ab. Inmitten der bekannten Gesichter machte ich einen Neuling aus. Er bemühte sich, natürlich zu wirken, aber er war offensichtlich angespannt. Er befand sich in einer ungewohnten Umgebung, wollte aber sein Unbehagen nicht zeigen. Ich hatte das Gefühl, dass dieser Mann Witalij war, von dem Elvira erzählt hatte. Nun gut, willkommen zum Training! Wir fingen also an ...

"Guten Tag, alle miteinander! Es freut mich, heute alte und neue Bekannte hier zu sehen. Wir haben einen sehr arbeitsreichen Tag vor uns. Es wird viel Theorie geben, aber auch praktische Übungen werden nicht zu kurz kommen. Wir beginnen mit einem kleinen Auftakt. Ich möchte mit Ihnen über das Training sprechen. Was erwarten Sie sich davon?"

"Antworten auf Fragen."

"Neues Wissen."

"Praktische Übungen."

Ich lächelte.

“Die üblichen Forderungen unseres Verstandes. Alles richtig. Der Verstand wird heute sehr viele neue Informationen erhalten. Aber ich würde gerne noch etwas tiefer gehen. Über die Grenzen des Verstandes hinaus, ins Reich des Jenseits. Wer ist dabei?”

Hände schossen in die Höhe. Lächelnde Gesichter. Es lächelten aber nur diejenigen, die schon einmal bei einem Training dabei waren. Die Neulinge versuchten noch immer, ihre Befremdung zu überwinden.

“Ich möchte kurz über das Format des Trainings sprechen. Ich weiß, dass viele von Ihnen praxisorientiertes Wissen erwarten, das ich in der schamanischen Kultur erlangt habe. Die Menschen interessieren sich für praktische Übungen, das ist normal. Diese sollten wenn möglich kraftvoll und effektiv sein. Heute möchte ich mit Ihnen meine Erfahrungen teilen. Diese Erfahrungen lassen mich verstehen, warum viele Übungen im Alltag nicht umgesetzt werden. Haben Sie sich jemals gefragt, warum das so ist?

“Die Übungen funktionieren nicht.”

“Faulheit.”

“Man ist nicht beständig genug in ihrer Umsetzung.”

“Die Gesellschaft steht im Weg.”

Ich lauschte der Auflistung der verschiedenen Antworten, hörte aber nicht die, die ich brauchte.

“In Wahrheit ist etwas anderes das Problem. Ich werde Ihnen jetzt ein Geheimnis eröffnen, das möglicherweise eine Erklärung bietet.”

Ich trat an das Flipchart heran, nahm einen Marker und malte einen kleinen Menschen auf das Papier.

“Diese Figur steht für jeden von uns hier. Während wir versuchen, neue Informationen zu verarbeiten und sie in unserem Alltag umzusetzen, machen wir einen sehr gravierenden Fehler”, ich umrandete die Figur auf dem Papier mit dem Marker, “wir berücksichtigen die Besonderheiten unserer Persönlichkeit nicht. Genauer gesagt, unserer Teilpersönlichkeit. Und gerade darin liegt unser Fehler. Wir glauben, dass wir eine vollständige Persönlichkeit sind. Daraus resultiert Verwirrung. In Wahrheit bestehen wir aus mehreren Teilpersönlichkeiten."

Ich malte noch eine weitere Figur, die genauso aussieht, nur in einer anderen Farbe.

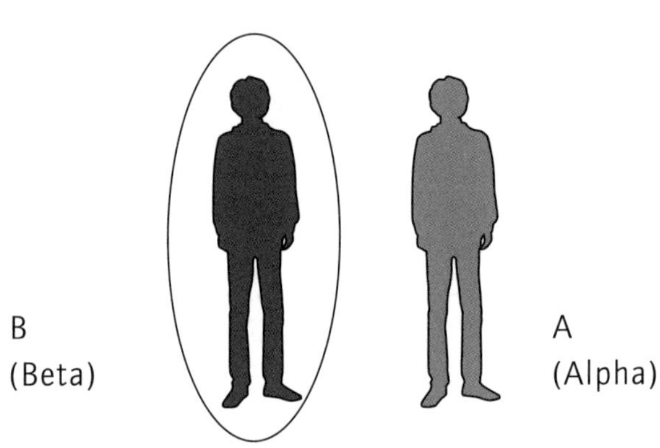

"Den *Jägern* zufolge hat jeder Mensch zwei grundlegende Teilpersönlichkeiten. Die eine ist die, die uns vertraut ist, die soziale, ins alltägliche Leben vertieft. Ihre Besonderheit ist es, dass sie sehr statisch ist. Es ist eine sehr zähflüssige Teilpersönlichkeit, die darauf ausgerichtet ist, eine beständige, stabile Lebenssituation zu schaffen. Die andere Teilpersönlichkeit ist dynamisch, sie will ihre Grenzen erweitern, sie steht mit veränderten Bewusstseinszuständen in Zusammenhang. Diese Teilpersönlichkeit will neues Wissen erlangen, das mit unserem nicht manifestierten Leben verbunden ist, mit der Welt der Energien. Die *Jäger* bezeichnen die beiden als 'DERG' und 'MARG'. Ich habe aber beschlossen, solche exotischen Bezeichnungen zu umgehen und nenne sie 'Teilpersönlichkeit B' und 'Teilpersönlichkeit A' oder einfach nur 'B' und 'A'. 'B' steht für Beta-Wellen, das sind die Gehirnwellen, an die wir gewohnt sind, die im alltäglichen Leben vorherrschen. 'A' steht für die Alpha-Wellen im Gehirn, die bei einem veränderten Bewusstseinszustand (VBZ) auftreten. Bei der Ausführung energetischer Übungen befindet sich der Mensch also im 'A'-Zustand. Wenn er in den 'B'-Zustand zurückkehrt, vergisst er einen Großteil der erworbenen Informationen, oder aber sie werden aus dem Bewusstsein verdrängt. Ich habe viele Menschen gesehen, die mithilfe von schamanischen Übungen sehr tief gehen konnten. Bei meinen ersten Seminaren habe ich ihnen aktiv dabei geholfen. Als ich aber später die Resultate beobachtete, musste ich feststellen, dass die Leute im Laufe der Zeit ihre erworbenen Fähigkeiten während des Lebens in ihren gewohnten sozialen Strukturen wieder verlieren, oder sie bleiben im 'A'-Zustand stecken. Und das bedeutet, dass ein Mensch praktisch nicht mehr fähig ist, in seiner üblichen sozialen Rolle zu leben. Er kann nicht so sein, wie Familie, Freunde und Kollegen ihn kennen. Das führt zu zerstörten Familien, Freundschaften und verlorenen Jobs. Bei den Seminaren ist es ähnlich. Wenn jemand bei einem Training kraftvolle, energetische Übungen ausführt, springt er förmlich in den 'A'-Zustand. Zurück zu Hause lässt der Effekt des Trainings mit der Zeit nach, er löst sich in dem zähen 'B'-Zustand auf.

Aus diesem Grund brauchen wir eine Strategie, die es uns ermöglicht, die Teilpersönlichkeiten miteinander zu verbinden, und die verhindert, dass die eine von der anderen geschluckt wird. Dafür müssen wir eine BRÜCKE zwischen ihnen bauen, eine stabile Verbindung. Nur so werden wir beide Teilpersönlichkeiten nutzen können und die Besonderheiten von jeder von ihnen berücksichtigen, ohne dass sie sich vermischen. Ich habe deshalb beschlossen, das Training mit dem uns allen vertrauten 'B'-Erscheinungsbild zu beginnen. Genau deswegen wird es darüber recht viel Informationen für unseren 'B'-Verstand geben. Allmählich aber, Schritt für Schritt, während wir kleine Brücken zwischen den beiden Zuständen bauen, werden wir langsam zum 'A'-Verstand, der mit den Übungen in Verbindung steht, übergehen."

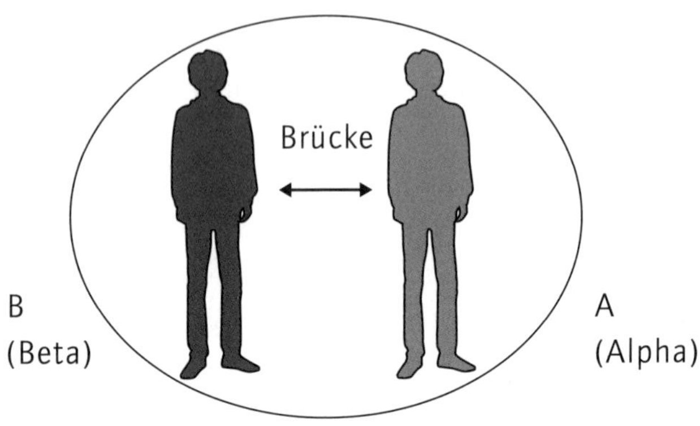

"Eine stabile BRÜCKE zwischen '*Alpha*' und '*Beta*' zu schaffen, ist der wichtigste Teil des Trainings. Daher ist das Training vielleicht nicht ganz so spektakulär und eindrucksvoll, dafür aber nachhaltig und effektiv. Seien Sie also geduldig, meine Lieben, die Zugänge zum Außergewöhnlichen liegen immer inmitten der gewöhnlichen Dinge verborgen. Das ist eines der grundlegenden Prinzipien der *Jagd*. Ohne die BRÜCKE können wir nicht wirklich vorwärtskommen. Die *Jäger* beginnen also immer mit dem Bau der *Brücke*. Darum stellt dieses Training auch eine Art Raum zwischen dem Vertrauten und dem Unbekannten dar, die beste Voraussetzung für den Brückenbau."

Nachdenklich blickte ich die Teilnehmer an.

"Ich möchte mit Ihnen meine Beobachtungen teilen. Haben Sie nicht den Eindruck, dass es mittlerweile zu viele Trainings gibt?"

Zustimmendes Nicken. Unter den Anwesenden waren viele, die in der Trainingsszene sehr aktiv waren.

"Was glauben Sie, warum das so ist?"

Nach einigen Minuten kamen ein paar Vorschläge:

"In der Gesellschaft gibt es einen großen Bedarf danach. Nachfrage schafft Angebot."

"Es gibt so viele neue Informationen. Die Trainings ermöglichen es, sie auch wirklich zu erfassen."

"Die Leute wollen sich in bestimmte Themen vertiefen. Alleine ist das schwer, ein Trainer ist dabei hilfreich."

"Es ist ein gutes Geschäft", hörte man eine sarkastische Stimme aus den hinteren Reihen. Das Gesagte wird dort, im hinteren Teil des Saals, von einigen flüsternden Stimmen aufgegriffen. Ich nickte.

"Genau. Alles richtig. Auch was das Geschäft betrifft. Es gibt mittlerweile zu viele Trainer, die mit den Seminaren Geld verdienen. Und nicht gerade wenig Geld, wohlgemerkt."

Ich beobachtete, wie Witalij lächelte. Genau wie die anderen Neulinge begann auch er, in das Gesamtfeld der Gruppe "einzutreten":

"Es gibt sogar ein Sprichwort: 'Wenn Sie Geld übrig haben, heißt das, Sie haben noch nicht an einem Training teilgenommen ...'"

Lachen war zu hören. Ich nickte erneut.

"Ganz genau. Ich sage dies, weil ich selbst unmittelbarer Zeuge davon war, wie mindestens sieben Leute die Entscheidung getroffen haben, selbst als Trainer Seminare anzubieten. Die Versuchung, mit einem solchen Format Geld zu verdienen, ist sehr groß. Meistens handelt es sich bei den Trainings um eine Zusammenstellung von verschiedenen Dingen, die kommerziell gefragt sind. Hauptsächlich werden momentan Seminare angeboten, die zum einen auf die Ausbildung von 'B'-Fertigkeiten abzielen, wie Businesstrainings, Seminare mit Strategien zur Familiengründung oder zur Aufarbeitung irgendwelcher sozialer Probleme. Zum anderen gibt es Seminare für die 'A'-Fertigkeiten, im Bereich der Esoterik, Energetik, des Schamanismus und der Magie. Aber die Realität sieht heute so aus, dass unsere Teilpersönlichkeiten einzeln völlig wirkungslos sind. Jetzt ist die Zeit für *Brücken*-Trainings gekommen. Wir müssen lernen, diese beiden Energien, die sich in unserem Leben manifestieren, zu etwas Transzendentalem zu verbinden. Warum sage ich das? Ich möchte mich vom üblichen Klischee des Wortes Training entfernen. Denn es gibt heute einfach zu viele davon. Dieser Überfluss hat sogar bereits dazu geführt, dass sich eine skeptische Haltung gegenüber Trainings entwickelt hat. Das Wort 'Training' selbst ist bereits zum Synonym für etwas Einfallsloses und Inhaltsleeres geworden. Das alte Format der Trainingskultur wird so langsam abgeschafft. Deshalb möchte ich, dass wir das heutige Treffen nicht als Training ansehen – obwohl ich dieses Wort selbst benutze –, sondern als ein Mysterium. Lassen Sie es uns als '*städtische Jagd*' bezeichnen. Worin liegt der Unterschied? Nun, zumindest darin, dass heute von jedem von uns nicht nur ein, sondern zwei Exemplare anwesend sind. Obwohl uns das nur schwer begreiflich ist. Teilpersönlichkeit 'B' tut alles dafür, damit ein solcher Gedanke gar nicht erst aufkommt. Wollen wir aber die schamanische Wahrnehmung erlangen, müssen wir lernen, wie wir den Teil unserer Persönlichkeit, der über die Grenzen der uns vertrauten Welt hinausgehen kann, abgrenzen, befreien und nähren können. Aus diesem Grund wird unsere '*städtische Jagd*' darin bestehen, diese Teilpersönlichkeit aufzuspüren. Was meinen Sie, wo könnte sie sich versteckt halten?"

Die Gruppe schaute mich ratlos an.

"Dieser Teil Ihrer Persönlichkeit hat Sie heute hierher geführt. Er will gesehen und frei gelassen werden. Im gewöhnlichen Leben haben wir nicht genügend Zeit dafür – die Teilpersönlichkeit 'B' zieht uns in einen mächtigen Strudel aus alltäglichen Entscheidungen. Hier ist der ideale Ort dafür, Teilpersönlichkeit 'A' aus der Tiefe, wo sie unterdrückt wird, an die Oberfläche zu holen. Da wir aber eine *Brücke* bauen, werden wir sie über die vertrauten Kategorien der Teilpersönlichkeit 'B' nach oben holen.

Dabei muss es sich um etwas handeln, das uns alle vereint und das gleichzeitig für jeden von uns etwas ganz Persönliches ist."

Ich machte eine kurze Pause.

"Wir benötigen einen Bezugspunkt. Bisher fällt mir nur eines ein, womit wir beginnen können: mit unseren Motiven für die Teilnahme an dieser '*Jagd*'. Wir werden jetzt ein sehr wichtiges '*Jagd*manöver' ausführen, versuchen Sie einmal, hinter Ihrer offensichtlichen Motivation etwas *Tieferes* zu entdecken. So werden wir die Teilpersönlichkeit 'Alpha' aufspüren und unsere Wahrnehmung schärfen. Indem wir uns schrittweise von einem Motivationslevel zum nächsten bewegen, bauen wir die *Brücke*. Nur eine Bitte: Gehen Sie nicht formell an diese Aufgabe heran. Wenn Sie sich diesem Prozess voll hingeben, dann werden Sie vielleicht bemerken, wie Ihre Teilpersönlichkeiten ihren Dialog beginnen. Das ist wichtig, denn um unserer 'Alpha'-Persönlichkeit die Hand entgegenzustrecken und sie an die Oberfläche zu ziehen, müssen wir zumindest ihre Stimme hören können. Bereit? Lassen Sie uns anfangen ..."

Eine Stunde war vergangen. Die Teilnehmer hatten ihre Motive in den Notizbüchern aufgeschrieben. Wir hatten sogar Zeit, ein paar davon zu besprechen. Ich schrieb sie auf ein an dem Flipchart befestigtes Blatt. Dann betrachtete ich sie, als würde ich über ihren Inhalt nachdenken. Doch ich hätte sie genau so, in genau dieser Reihenfolge auch selbst eine Stunde vor Trainingsbeginn aufschreiben können, denn sie wiederholen sich bei jeder Veranstaltung. Es scheint uns nur so, dass unsere Ambitionen einzigartig sind, doch in Wahrheit haben wir alle dieselben Anregungen und Bedürfnisse. Ich legte den Marker auf den Tisch.

"Ihre Motive verdienen Wertschätzung und sie sind wirklich von großer Bedeutung für Sie. Heute will ich aber noch einen Schritt weitergehen", ich machte eine Pause und schaute die

Gruppe abwartend an. “Hier habe ich nur zehn Motive aufgeschrieben. Sie ähneln einander in manchen Aspekten, aber es sind sowieso viele. Um jedes einzelne durchzuarbeiten, ist dieses Seminar zu kurz. Aus diesem Grund schlage ich vor, noch tiefer zu graben, um das Motiv aufzudecken, das uns alle verbindet. Mit diesem Motiv werden wir dann beginnen, und danach werden wir uns diesen hier zuwenden”, ich nickte in Richtung Tafel. “Nun, was meinen Sie, wer möchte seine Meinung dazu äußern?”

Noch eine weitere halbe Stunde war vergangen. Wir hatten viele der Varianten besprochen, sowohl neue als auch paraphrasierte alte. Ich schrieb etwas an die Tafel, strich es durch und schrieb erneut. Schließlich gab es keine Ideen mehr, die Teilnehmer hatten nicht verstanden, was ich von ihnen hören wollte. Ich nickte erneut in Richtung der Notizen.

“Noch vor ein paar Jahren haben die Leute, wenn man es so sagen kann, lokale Probleme gelöst: Arbeit, Gesundheit, geistiges Wachstum, Beziehungen zwischen Frauen und Männern. Mittlerweile ist die Situation vollkommen anders. Heute stehen wir alle vor einem großen Problem, das wir zu übersehen versuchen, was aber mit jedem Monat, ja mit jedem Tag, zunehmend schwieriger wird. Es ist ein Problem einer anderen Ebene unseres Bewusstseins. Alle Punkte auf dieser Liste”, ich zeige mit der Hand auf die Tafel, “sind Themen der zweiten Ebene. Das Bewusstsein der Leute ist so beschaffen, dass es versucht, zweitrangige Probleme zuerst zu lösen, da es sie für die wichtigsten hält. Die erste, grundlegende Ebene hingegen ignoriert es. Außerdem löst es eine starke Schutzreaktion aus, die es nicht einmal möglich macht, auch nur darüber zu sprechen. Schon seit fast zwei Stunden reden wir über unsere Motivationen, aber über diese mysteriöse erste Ebene sind nur ein paar zaghafte Vermutungen laut geworden, die zur Freude aller Anwesenden direkt wieder vergessen wurden. Wissen Sie, wovon ich spreche?”

Angespannte Stille herrschte im Saal. Jemand nannte noch einmal einige der aufgezählten Motive, doch es klang schüchtern und unsicher. Ich nickte.

"Ja, es ist beängstigend. Es ist sogar beängstigend, nur darüber zu sprechen. Für unseren Verstand ist die erste Ebene ein Tabu."

"Der Tod", rief jemand, als würde er das Wort aus sich herausspucken. Das Wort ertönte und hing in der Luft, verbreitete eine unfassbare Kälte, die sich im stickigen Saal auflöste.

"Ganz genau. Endlich. Der Tod ist die erste Ebene, über die wir nicht sprechen wollen, es ist, als fürchteten wir, dass er uns hört und auf uns aufmerksam wird. Die *Jäger* aber sind anderer Meinung. Ihnen zufolge muss der Mensch eine neue, respektvolle Haltung dem Tod gegenüber entwickeln, auf diese Weise wird er beginnen, ihm zu helfen. Doch davon werde ich Ihnen später erzählen. Zuerst möchte ich über das Überleben sprechen. Man könnte meinen, dass dieses Thema schon immer aktuell war, aber glauben Sie mir, in den letzten Jahren hat es eine völlig neue Bedeutung bekommen ..."

"Ich werde eine Art semantisches Netz erstellen, das der Durchschnittsbürger nicht gerne sieht, da einige der Elemente Teil der ersten Ebene sind. Das heißt, sie gehören zu dem Bereich, den unser Verstand vermeiden möchte. In letzter Zeit höre ich immer öfter ein und dasselbe Wort, das in allen Medien verbreitet wird. Um welches Wort handelt es sich wohl?"

"Krise", sagte ein bärtiger Mann in der ersten Reihe. Ich nickte.

"Genau, KRISE. Wer weiß, was dieses Wort bedeutet?"

Wieder verlauteten einige Vorschläge, einen davon schrieb ich an die Tafel.

DAS IST, WENN ALLES
UM UNS HERUM ZUSAMMENBRICHT.

"Richtig, wenn wir uns umsehen, so werden wir feststellen, dass alles um uns herum einer zerstörerischen Dynamik unterliegt. Und wie reagiert der Mensch, wenn alles um ihn herum zusammenbricht?"

"Er wird nervös", spöttelte derselbe bärtige Mann.

"Ganz recht!", ich lief durch den Saal, "die wissenschaftliche Bezeichnung dafür lautet STRESS. Wir alle wissen, was das ist, haben aber eigentlich keine wirkliche Vorstellung davon, was Stress tatsächlich ist. Ja, wir haben nur ein sehr oberflächliches Verständnis davon. Außerdem haben wir uns an diesen Zustand so sehr gewöhnt, dass Stress etwas ganz Gewöhnliches für uns ist, so etwas wie ein Schnupfen. In Wahrheit aber spielt Stress in unserem Leben eine weitaus dramatischere Rolle."

Ich machte eine kurze Pause.

"Es gibt zwei Arten von Stress: den destruktiven und den schöpferischen. Die zweite Art ist manchmal sogar sehr wichtig für den Menschen. Die erste aber ... Er ist die Bedrohung Nummer eins für die Menschheit."

Ich ließ meinen Blick über die Teilnehmer schweifen.

"Sie haben richtig gehört. Weder Pandemien noch Kriege noch Umweltkatastrophen. Nein, es ist der Stress und die von ihm hervorgerufene 'noogene Neurose', der die größte Bedrohung für die Menschheit und das Überleben unserer Zivilisation darstellt. Die Gefahr, die vom Stress ausgeht, wird gerade dadurch erhöht, dass wir dieses Phänomen nicht ernst nehmen. Stress löst außerdem in unserem Körper etwas aus, dass die *Jäger* 'dunkles Feuer' nennen, Wissenschaftler bezeichnen es als 'Codes zur Selbstzerstörung'. Dieses Phänomen ist ganz einfach zu erklären: Der menschliche Körper und die Psyche verfügen über mächtige Kompensationsmechanismen, um Stress abzubauen. Wenn Stress aber chronisch oder zu stark wird, gelangt das menschliche Bewusstsein an einen Punkt, an dem es leid ist, Widerstand zu leisten. Es sagt sich so etwas wie: 'Mir reicht's, ich bin erschöpft. Ich kann nicht mehr.

Ich will nach Hause.' Und in diesem Moment werden im menschlichen Körper unsichtbare Programme auf der Zellebene aktiviert, die die zugewiesene Aufgabe erfüllen. Denn mit 'Zuhause' verbinden wir angenehme Erinnerungen, Träume und Fantasien, kurzum all das, was nicht Teil der gegenwärtigen Realität ist, in der wir unter Stress stehen. Folglich bedeutet das, dass die Aufgabe darin besteht, aus dieser Realität zu fliehen, nach dem illusorischen 'Zuhause' zu streben, wohin ist egal, Hauptsache weg 'VON HIER'. Und so beginnt der Mensch, aktiv zu sterben. So funktionieren die 'dunklen Codes'. Der Ausdruck 'Alle Krankheiten kommen von den Nerven' wirkt so gesehen schon nicht mehr so abstrakt."

Ich verstummte wieder, um den Teilnehmern Zeit zu geben, das Gehörte zu verarbeiten. Dann sprach ich weiter.

"So war es schon immer. Die 'dunklen Codes' gibt es in unserer Gesellschaft schon sehr lange. Die Situation hat sich heute aber stark verändert, und zwar nicht zum Besseren. Sterblichkeitsstatistiken weisen auf einen direkten Zusammenhang hin:

KRISE –
STRESS –
AKTIVITÄT DER 'DUNKLEN CODES' –
TOD.

Es ist, als würde jemand absichtlich Spannung in der Gesellschaft auslösen, um so viele Menschen wie möglich aus dieser Welt zu schaffen. Das heißt, wir leben heute tatsächlich in einer Zeit, in der das Überleben für uns zum dringlichsten Problem geworden ist. Dieses Problem muss also zuerst gelöst werden. Erst danach können wir uns all den anderen Problemen der zweiten Ebene widmen. Um aber zu verstehen, wie wir die zerstörerischen Mechanismen der 'dunklen Codes' stoppen können, müssen wir die Ursache der Krise verstehen, die wir erleben. Denn diese

Dinge sind eng miteinander verbunden. Was hat Ihrer Meinung nach zu dieser Krise geführt?"

Normalerweise brauchen wir eine halbe Stunde, um die Ursachen der Krise zu erörtern. Diese Gruppe aber suchte äußerst enthusiastisch nach Gründen, weshalb wir die Diskussion erst nach dem Mittagessen fortsetzen konnten.

Meistens habe ich während der Mittagspause keine Zeit, etwas zu essen. Alte Bekannte nutzen die Gelegenheit für eine Umarmung, ein Händeschütteln und einen kurzen Wortwechsel. Neulinge kommen, um sich vorzustellen. Also versuchte ich, mit einer Tasse Kräutertee auszukommen. Mein heißes Getränk schlürfend bemerkte ich nicht, wie aus der Menge der um mich Versammelten unauffällig Elviras Schützling auftauchte. Er kam auf mich zu, streckte die Hand aus und stellte sich vor:

"Guten Tag, mein Name ist Witalij. Andrej, können wir später für fünf Minuten unter vier Augen reden? Ich habe eine Frage."

Ich nickte.

"Ja, nach dem Training habe ich Zeit."

Witalij nickte zufrieden als Antwort, drehte sich um und ging in Richtung der Tische mit dem Tee und den Keksen.

Es wurden zahlreiche Ursachen für die Krise aufgezählt. Aber keine davon zeigte eine Möglichkeit auf, wie wir, wenn schon nicht die Krise an sich, zumindest die zerstörerischen Auswirkungen in Form der "dunklen Codes" beeinflussen können. Um irgendwie voranzukommen, musste ich erneut die Debatte beenden und meine eigene Version vorschlagen. Schon bald zeigte sich aber, dass es gar nicht möglich war voranzukommen ...

"Tatsache ist, dass wenn die Menschheit wirksame Mittel zur Bekämpfung von Stress hätte, die 'noogene Neurose' von Wissenschaftlern nicht als 'die Pest des 21. Jahrhunderts' bezeichnet werden würde. Zwar kann die Psychologie einige lokale Stressreaktionen beseitigen, aber der Effekt ist gewöhnlich von kurzer Dauer. Insgesamt ist die Natur von Stress nach wie vor umstritten und unterliegt verschiedenen Interpretationen. Meiner Meinung nach liegt der Grund dafür darin, dass die Menschen, wie wir bereits wissen, in zwei Teilpersönlichkeiten gespalten sind. Und in genau dieser Spaltung sollten wir den Wirkungsmechanismus der 'dunklen Codes' suchen. Wenn wir uns in der sozialen Teilpersönlichkeit 'Beta' befinden und den damit verbundenen Stress erleben, streben die Leute unterbewusst schließlich nach der Teilpersönlichkeit 'Alpha', die mit Träumen von Freiheit, neuen Bewusstseinszuständen und dem verlorenen *Zuhause* assoziiert wird. Da es zwischen 'A' und 'B' aber keine *Brücke* gibt, endet dieses Bestreben für gewöhnlich in Selbstzerstörung. Es ist wie eine verhedderte Sprungfeder. Der Mensch springt aus 'B' heraus, da 'A' für ihn aber hauptsächlich etwas Abstraktes ist, kann er nicht mehr zurückkehren ... und er entkörperlicht."

Ich blickte in die verwirrten Gesichter der Teilnehmer.

"Wir sind im Stress gefangen, weil wir sein Wesen nicht verstehen. Verstehen können wir es nur dann, wenn wir uns auf der *Brücke* zwischen 'Beta' und 'Alpha' befinden. Genau deshalb hat man die Ursache für Stress bis heute nicht gefunden, denn sie wird entweder in 'B' oder in 'A' gesucht. Extreme sind charakteristisch für uns Menschen, weshalb wir auch über die Notwendigkeit der *Brücke* sprechen. Über sie gelangen wir ins 'Alpha', um von dort aus unser gewöhnliches 'Beta'-Leben zu betrachten. Wenn wir zurückgekehrt sind, werden wir alles an seinen rechten Platz rücken und dabei das Verständnis und das Bewusstsein für das Geschehene bewahren."

Ich stand vor dem Flipchart und betrachtete die Abfolge "KRISE – STRESS – AKTIVITÄT DER 'DUNKLEN CODES' – TOD".

"Schauen Sie einmal genau hin, was ist Ihrer Meinung nach die Grundlage dieser Kette?"

Nach zehnminütiger Diskussion erklang das gesuchte Wort:

<u>KONFLIKT</u>

Ich schrieb es auf und unterstrich es.

"Wir werden langsam tiefer graben. Obwohl es nicht einfach ist, müssen wir uns eingestehen, dass fast jedem Lebensbereich der Menschen ein Konflikt zugrunde liegt. Da wir es nicht gerne zugeben, versuchen wir vehement, diese Tatsache zu vertuschen. Das betrifft die Arbeit, Freundschaften, Familienverhältnisse und uns selbst, also alles, was Teil unseres täglichen Lebens ist. Ich habe mich viele Jahre lang mit der Konfliktforschung beschäftigt und muss sagen, dass dieser Zustand für uns zur Norm geworden ist. Sogar diejenigen, die sich für absolut 'konfliktfrei' halten, befinden sich den Großteil ihrer Zeit in diesem Zustand, ohne es zu bemerken."

Ich schrieb 'Konflikt' als Überschrift über die Wortkette.

"In diesem Wort liegt die Ursache all unseres Unglücks. Wir bekämpfen uns ständig gegenseitig. Manchmal sogar dann, wenn wir davon überzeugt sind, gar nicht zu kämpfen. Die Manipulation ist zu unserem unsichtbaren, aber ständigen Gefährten geworden. Beenden können wir diesen Zustand nur dann, wenn wir noch tiefer graben. Denn die Konflikte selbst sind auch wieder nur eine Folge. Aber die Ursache dafür liegt jenseits dessen, was uns zugänglich ist. Im '*Beta*'-Bereich können wir sie nicht mehr finden, denn sie ist daraus verdrängt worden. Alles, was wir hier sehen, sind Projektionen; von uns und unseren ständigen Kämpfen untereinander um Geld, Macht, Frauen, Männer, Kinder, Verwirklichung, Selbstwertgefühl, Status, Territorium ... Doch selbst im '*Alpha*' liegt die Ursache sehr tief. Und zwar so tief, dass diejenigen, die im '*Alpha*' in diese Tiefe vordringen, manchmal nicht zurückkehren können, da sie keine *Brücke* gebaut haben."

Ich schwieg und machte mir bewusst, in welchen Schritten ich diese Information normalerweise weitergebe.

“In dieser Hinsicht habe ich Glück gehabt. Ich habe die *Jäger* getroffen. Sie haben mich tief ins ‘*Alpha*’ geführt, wonach ich zurückgekehrt bin, um mithilfe des neuen Wissens meine Teilpersönlichkeit ‘*Beta*’ zu verändern.”

Ich machte eine Pause.

“Und wissen Sie, was ich von dort mitgebracht habe?”

Lächelnd warteten die Teilnehmer auf die Fortsetzung. Ich blätterte das vollgeschriebene Blatt um und malte oben auf das neue einen großen dicken Punkt.

“Das Wissen über den ‘*schamanischen Rhombus*’. Die praktische Weltanschauung der *Jäger der Sibirischen Tai-Shin-Tradition*. Diese Weltanschauung bietet eine Erklärung dafür, was mit uns passiert.”

Ich zeigte mit dem Marker auf den Punkt.

“Momentan befinden wir uns am äußersten Rand des Rhombus. Eintreten können wir nur, wenn wir uns verändern.”

Mit meiner Hand machte ich eine Bewegung durch den Saal, und zeigte danach wieder auf den Punkt auf dem Papier.

“Es gibt nur einen Weg, wie wir den Rhombus betreten können: Wir können keine Leute mehr sein.”

Eine angespannte Stille setzte im Saal ein, die nur durch ein 'Hoppla!' von jemandem gestört wurde. Die Teilnehmer sahen mich fragend an. Auf ihren Gesichtern war Verwunderung und Unverständnis, ja sogar Entsetzen zu lesen. Ich nickte verständnisvoll, denn als ich diesen Satz zum ersten Mal gehört hatte, hatte ich vermutlich ganz genauso ausgesehen.

“Schon seit vielen Jahrtausenden kämpfen wir miteinander, Gewinner gibt es aber keine. Denn jeder von uns kämpft für sich selbst. Dann lehren wir unsere Kinder zu kämpfen – und alles wiederholt sich. Jedes Jahr, jedes Jahrhundert. Indem die *Jäger* eine *Brücke* zwischen ‘DERG’ und ‘MARG’ bauten, erkannten sie, dass es sinnlos ist, miteinander zu kämpfen. Anstatt die Leute zu bekämpfen, müssen wir die zerstörerische Vorstellung in unseren Köpfen bekämpfen. Die Vorstellung, die alles in Asche verwandelt. Wenn es uns gelingt, diese Vorstellung aufzuspüren und uns von ihr zu lösen, so wird die langersehnte Erleuchtung eintreten und wir werden die Ursache all unserer Konflikte erkennen.

Die LOSLÖSUNG von unserem Bild von uns selbst, das ist der *Zugang* zum *schamanischen Rhombus*, der erste Schritt, ohne den wir keinen Millimeter vorankommen können ...

Erinnerungen

DANILYTSCH

("Bely Jar", Januar 2005)

"Ein Mensch – wie stolz das klingt!"[7]

(aus dem Stück "*Nachtasyl*" von Maxim Gorki)

Ich stieg aus dem Auto aus, kniff die Augen zusammen wegen der hellen Sonne und schaute mich um. Alles glitzerte und funkelte, unzählige Lichter blitzten auf der weißen Oberfläche der Schneedünen. Ja, der Schnee hier war anders als der Schnee in der Stadt. Ich sog die saubere Dorfluft tief in meine Brust hinein. "BELY JAR". Nach meiner Zeit in der Taiga im Altai war dieser Ort für mich zu einem besonderen Zentrum meiner Ausbildung geworden. Hier lebte Danilytsch, einer der Menschen, der mich die *Traditionen der Sibirischen Jäger* TAI-SHIN lehrte. Falls Sie jetzt das typische Bild eines Mannes mit einer Waffe vor Augen haben, irren Sie sich. Die *Jäger*, die dieser *Tradition* angehören,

[7] *Quelle: https://de.wikiquote.org/wiki/Maxim_Gorki*

haben wenig gemeinsam mit dem Klischee des modernen Versorgers. Sie haben völlig andere Vorstellungen, Methoden und Motive. Zu Danilytsch war ich gekommen, als ich mich vor unüberwindbaren Hindernissen in Form von ungelösten Fragen und Problemen wiederfand. Und auch dieses Mal kam ich in einem jämmerlichen Zustand zu ihm. Ich öffnete das Tor und folgte einem schmalen Pfad zwischen den hohen Schneeverwehungen, die das ganze Grundstück überhäuften. Hier stand das mir vertraute Haus mit den bunten Glasfenstern. Ich stieg die knarrenden Stufen hinauf und klopfte an die Tür. Der Alte öffnete und sah so aus, als hätte er schon lange gewusst, dass ich kommen würde.

"Na, hallo Kamkurt."

"Hallo Danilytsch."

Wir saßen neben dem prasselnden Ofen und hielten Tassen mit heißem Tee in den Händen.

"Nun, was führt dich zu mir?", fragte der Seher, kniff die Augen zusammen und blies auf den Dampf, der aus der Tasse aufstieg.

"Ich bin erschöpft, Danilytsch, sehr erschöpft."

"Wenn du erschöpft bist, ruh dich aus", schnaubte der alte Mann.

"Nein, Danilytsch, bei dieser Art von Erschöpfung hilft keine Ruhe."

"Erzähl."

Ich nahm einen Schluck vom süßen Tee, atmete tief ein und platzte heraus:

"Ich habe angefangen, die Menschen zu hassen." Ich schaute meinen Gesprächspartner flüchtig an und wandte dann den Blick ab. "Ich hasse sie sehr."

Der alte Mann sah mich aufmerksam an, als würde er nicht mein Äußeres erforschen, sondern den Kern meiner inneren Prozesse, die unter der Haut versteckt lagen.

"Hm, wie ... Weshalb hasst du sie?"

"Wegen ihrer verdorbenen Natur."

"Und wo hast du diese Natur beobachtet?"

"Hast du es vergessen, Danilytsch? Ich leite eine Agentur für Informationssicherheit. Und das bedeutet sowohl, verschiedene Dinge aufzudecken, als auch Psychoanalytiker zu sein. In der letzten Zeit haben wir so viel Schmutz angesammelt und uns mit Verrat, Betrug, Korruption, Gier und Niedertracht beschmiert. Und eigentlich ist ja genau das Gegenteil unser Zweck. Doch in Wahrheit stimmt der Satz, dass sich der Straßenfeger nicht mit Dreck und der Chirurg nicht mit Blut beschmutzen kann, während das Problem beseitigt wird."

"Andrej, du hast dir diese Arbeit selbst ausgesucht."

"Das stimmt. Aber ich habe es mir irgendwie anders vorgestellt. Irgendwie war es für mich eine Pflicht, die ich gegenüber meinem Großvater und Vater zu erfüllen hatte. Mit der Gründung der Agentur wollte ich rechtfertigen, dass ich meine militärische Laufbahn beendet hatte. Ich dachte, wenn ich eine mächtige private Informationsagentur gründete, würde ich meine Freiheit bewahren können und dabei wie meine Eltern Korruption und Diebstahl bekämpfen, die Gesellschaft zu einer besseren machen. Doch wie sich herausgestellt hat, haben sich diese Dinge wie Metastasen in alle sozialen Lebensbereiche ausgebreitet. Man braucht nur ein bisschen zu graben, überall findet man Schmutz. Überall. Wo man auch gräbt: Schmutz! Irgendwann hatte ich schließlich so viel Schmutz geschluckt, dass ich begriffen habe, wie sehr ich die Menschen hasse. Sogar mich selbst hasse ich, weil ich auch einer von ihnen bin. Am meisten Angst macht mir, dass ich nicht weiß, was ich damit anfangen soll. Ich fühle mich schrecklich. Ich wollte in die Taiga gehen, zu Schorchit, doch das wäre mir wie eine Flucht vorgekommen. Ich bin es nicht gewohnt zu fliehen. Aber auch in der Stadt kann ich keinen Ausweg finden. Es gibt nichts, das mir Halt gibt."

Danilytsch runzelte die Stirn und dachte nach.

"Was ist mit Kindern? Kinder sind nicht schmutzig."

Ich lächelte spöttisch.

"Noch nicht. Doch wenn sie erwachsen sind, werden sie auch ihre Leichen im Keller haben, sie verstecken und hoffen, dass niemand sie findet. Wir waren schließlich alle einmal Kinder." Ich drehte die Tasse in meinen Händen. "Als ich vor Kurzem die Straße entlang ging, kamen mir eine Mutter und ihr ungefähr vierjähriger Sohn entgegen. Seine Augen waren klar. Die Mutter zog ihn so harsch, dass sie ihm fast den Arm ausrenkte. Sie verpasste ihm einen Tritt in den Hintern, damit er sich nicht umsah und ordentlich neben ihr herlief. Da dachte ich, dass auch dieses herzige Kerlchen früher oder später erwachsen wird. Die Klarheit wird aus seinen Augen verschwinden und er wird seltener lächeln. Und auch er wird seinen Sohn auf die gleiche Weise schikanieren. Aus diesem Teufelskreis gibt es kein Entkommen."

Danilytsch stellte seine Tasse auf den Tisch und holte ein kleines Notizbuch und einen Stift aus der Schublade.

"Du hast recht, Andrej. Es ist sehr schwer, diesen Kreis zu durchbrechen. Aber das ist kein Grund, die Leute zu hassen."

"Was soll ich sonst tun? Sie lieben? Ich kann die Menschen nicht lieben, nur um den Lehren der religiösen Bücher gerecht zu werden."

"Das ist auch nicht möglich", sagte der Seher. "Man kann sich nicht zwingen zu lieben. Aber stell dir einmal deinen engsten Verwandten vor, der drogen- oder alkoholabhängig ist. Wirst du ihn noch lieben?"

"Natürlich, er gehört schließlich zur Familie."

Der Seher nickte.

"Und was wirst du nicht an ihm lieben?"

"Seine Sucht."

"Das heißt, die lasterhafte Vorstellung in seinem Kopf, die das Leben um ihn herum vergiftet? Aber du würdest ihn trotzdem lieben, da er ein dir nahestehender Mensch ist. Doch der vollen Entfaltung deiner Liebe steht diese bösartige Vorstellung im Wege, die alles verdirbt. Aber wie so oft können die Leute eine Idee im Kopf eines Menschen nicht von dem Menschen selbst unterscheiden. Darin liegt das ganze Übel begründet. Sogar im Christentum heißt es, dass man zwischen dem Menschen und der Sünde unterscheiden muss, damit man die Sünde loswerden und den Menschen retten kann. Verstehst du? Das ist ein sehr wichtiger Prozess - die LOSLÖSUNG. Ohne sie kann man den Teufelskreis nicht durchbrechen."

Ich blickte Danilytsch schweigend an, versuchte zu verstehen, wie das eben Gehörte damit zusammenhing, weshalb ich hergekommen war. Der Alte nahm das Notizbuch und zeichnete einen Kreis auf ein leeres Blatt.

"Das hier ist der Bereich der Leute. Du befindest dich hier." Er zeigte mit dem Stift auf das Zentrum des Kreises. "Hier kannst du die Antwort auf deine Frage nicht finden. Dafür musst du den Kreis verlassen. Du wusstest nicht, was du tun solltest, weil du dich in einer homogenen Gesellschaft unter Leuten befunden hast. Dort gibt es nichts, woran man sich festhalten kann. Doch wenn du zu verstehen beginnst, dass diese Gesellschaft gar nicht so homogen ist, wirst du Orientierungspunkte finden. Dann kannst du einen Ausweg sehen."

Der *Jäger* malte einen Punkt in den Kreis.

"Du stehst jetzt am Beginn des Begreifens der Essenz der *Jagd*: den *Höchsten Geist* in allem zu sehen, was dich umgibt, vor allem in den Leuten. Doch um in dieses Verständnis einzutauchen, musst du die LOSLÖSUNG vollziehen."

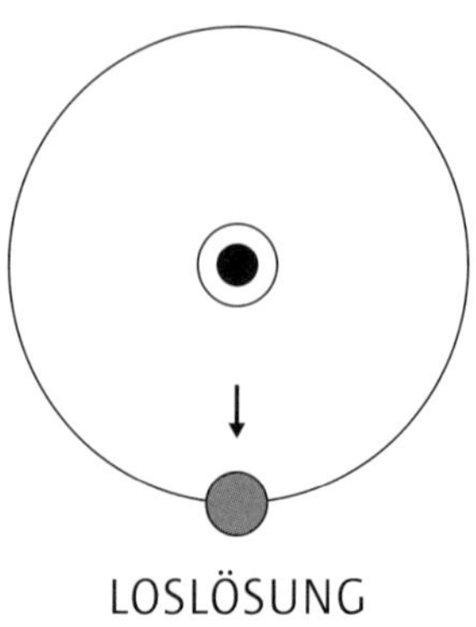

Ich rieb mir die Ohren und versuchte, mich zu konzentrieren.

“Danilytsch, ich verstehe nicht, was du meinst ...”

“Du musst eine einfache Sache verstehen: IN DER MENSCHLICHEN GESELLSCHAFT SIND LÄNGST NICHT ALLES MENSCHEN.”

Er verstummte und gab mir wieder Zeit, den Sinn des Gesagten zu erfassen.

“Genau das ist der erste Schritt in Richtung Heilung”, sagte der Seher. “Wenn man sich eingesteht, dass die Krankheit existiert, ist sie schon halb geheilt.”

Ich schwieg und wartete auf eine Erläuterung. Der alte Mann grinste und malte einen weiteren Kreis um den Punkt.

“Das ist der EINGANG, der BEGINN DER JAGD. Wir nennen diese Weltanschauung *‘fünf Ringe der Kraft’*. Eintreten kannst du nur dann, wenn du nicht mehr zu den Leuten gehörst.”

“Wie soll das gehen? Werde ich jemand anderes sein?”

“Nun ja”, sagte der Seher lediglich, “du wirst ein *Mensch* sein.”

Ich starrte ihn verwirrt an und versuchte, mir einen Reim aus all dem zu machen.

“Jetzt bin ich vollkommen verwirrt.”

Der Seher lachte. "Das ist nicht verwunderlich. Sie haben es absichtlich so gemacht, um alle zu verwirren."

"Wer - SIE? WAS haben sie gemacht? Wozu verwirren?"

Der Alte lehnte sich in seinem Stuhl zurück.

"Wir nennen sie MANGYSEN, 'dunkle Geister'. Du hast schon viel über sie gehört. Niemand von den *Jägern* weiß genau, wann oder wie sie auf diesen Planeten gekommen sind. Wir wissen nur, dass sie jetzt da sind. Wir fühlen sie. Wir *sehen* sie. Es sind äußerst angsteinflößende Wesen. Äußerlich gleichen sie den Leuten, aber im Inneren sind sie der menschlichen Natur völlig fremd. Gierig, hungrig, machtsüchtig, klug. Das Verlangen nach Macht ist fest in ihrer Natur verankert. Aus diesem Grund beherrschen sie diesen Planeten und seine Bevölkerung. Sie sind praktisch die alleinigen Herrscher in dieser Welt. Den Mythen der *Jäger* zufolge gab es vor sehr langer Zeit eine große Schlacht. Die *Menschen* und die *Mangysen* kämpften gegeneinander. Die Dämonen konnten die menschlichen Krieger nicht besiegen, und so änderten sie ihre Taktik. Sie lösten sich in den *Menschen* auf, zerstörten sie von innen mit ihrem dämonischen Blut, veränderten und schwächten so die Menschheit. Irgendwann war der Punkt erreicht, an dem es die *Menschheit* nicht mehr gab. Einzelne *Menschen* waren übrig geblieben, doch es gibt heute nur sehr wenige und sie sind gezwungen, sich zu verstecken. Denn der Großteil derer, die man früher '*Menschen*' nannte, gleicht heute mehr den Dämonen. Inmitten der Dämonen zu leben ist eine schwierige Aufgabe."

"Die Leute haben sich verändert?"

"Nein, die *Menschen* haben sich verändert. Sie sind zu Leuten geworden."

"Gibt es zwischen diesen Begriffen etwa einen Unterschied?"

"Ja, einen sehr großen sogar. Die Dämonen haben wieder ihre schreckliche Waffe eingesetzt und alles VERMISCHT: Zwischen den Begriffen '*Menschen*' und '*Leute*' gibt es in der modernen

Welt so gut wie keinen Unterschied mehr. Verstehst du? Das Problem besteht darin, dass sich viele MANGEN für einen *Menschen* halten ..."

"Sie säten ihre dämonische Saat unter den Menschen, welche sich durch Inzest im Menschengeschlecht ausbreitete. In der jüdischen Mystik wird diese Saat 'Eizechore', 'Same des Teufels' genannt. Wir nennen sie 'dunkles Gift', das den Menschen allmählich in einen Schatten verwandelt. Diese Unglücklichen heißen bei uns MANGEN, also '*Verzerrte*' oder 'nur äußerlich einem Menschen ähnlich'. Übrigens gibt es eine alternative Definition für das heutige Wort 'Leute': 'Kinder des lunaren Jammertals'. Die verzerrte, dunkle Menschheit erinnert nur noch äußerlich an diejenigen, die einmal die *Mangysen*-Dämonen besiegt haben. Was wir heute fälschlicherweise als eine einheitliche Menschheit ansehen, kann tatsächlich in drei Teile geteilt werden:

Sowohl *Menschen* als auch *Mangysen* sind heutzutage in unserer Gesellschaft nur selten anzutreffen, denn es gibt nur recht wenige von ihnen. Den Großteil der Bevölkerung dieses Planeten bilden die *Mangen*. Ein *Mang* muss sich in seinem Leben immer wieder entscheiden, in welche Richtung er geht, zu den Dämonen oder zu den Menschen.

"Danilytsch, was soll ich jetzt mit diesem Wissen anfangen?"

Der Seher lachte erneut.

"Heute hast du den ersten *Ring der Kraft* kennengelernt. Insgesamt sind es fünf Ringe. Sie bilden einen *Rhombus*, ein besonderes Gleichgewicht. Heute hast du den ersten Schritt gemacht, jetzt erwartet dich eine spannende *Jagd*."

"Und wie kann mir diese Information helfen?"

"Das Wichtigste ist, dass du die Information erhalten hast! Das ist der erste *Schritt*, der erste *Ring der Kraft*. Zuvor befandest du dich in einer Masse von Leuten, die du gehasst hast. Jetzt hast du gesehen, wohin du gehen musst. Du hast verstanden, dass nicht alle Leute so sind. Jetzt hast du die Wahl: Bleibst du unter den *Leuten,* bewegst du dich in die Richtung der *Mangysen*, oder kehrst du zu deinem ursprünglichen *menschlichen* Zustand zurück? Du musst verstehen, dass LOSLÖSUNG die Ablehnung des Zustands, in dem sich die *Mangen* befinden, bedeutet. Sie sind krank. Sehr krank. Aber um zu verstehen, dass man krank ist, muss man zu einem gewissen Grad gesund sein. Gesund zu werden, bedeutet für uns *Jäger*, zum ursprünglichen Zustand des *Menschen* zurückzukehren, der nicht von den Dämonen beeinflusst ist. Diese Richtung einzuschlagen bedeutet, innerlich eine vollkommen neue *Absicht* zu fassen, die früher oder später zur Freiheit führt. Der erste *Ring der Kraft* ist das Aufbrechen giftiger Beziehungen. Es ist das, was man in der kirchlichen Praxis Buße oder METANOIA nennt. Ohne die Buße können wir uns nicht zum *Licht* bewegen. Ohne Buße wird all die frühere *Dunkelheit* wie schwere Anker an deinen Armen und Beinen hängen."

"Ist die Buße irgendein Ritual?"

"Nein, es ist eine innere Entscheidung, eine *Absicht*. Sobald du verstehst, was vor sich geht, bist du keine Geisel der Situation mehr. Du wendest dich von deiner früheren Lebensphilosophie ab, die eine von Fremden auferlegte Verblendung war. Du wirfst den Mantel der Blindheit von dir und trittst in den *Rhombus* ein. Du willst nicht länger verzerrt sein, du willst wieder ein *Mensch* sein ..."

Training

DIE MANGEN

(Moskau, Frühling 2015)

"Tiere sind vielleicht Bestien, aber ... Menschen sind Monster!"[8]

Aus dem Film "Blueberry und der Fluch der Dämonen"

"Soll das etwa heißen, dass wir alle Dämonen sind?", fragte eine Frau in der zweiten Reihe, in deren Stimme deutliche Verärgerung mitschwang. Ich lächelte sie an.

"Ich kann sehr gut nachvollziehen, dass Sie skeptisch und empört sind. Nein, nicht alle, und es sind auch keine richtigen Dämonen, aber sehr verzerrte Kreaturen. Als ich davon erfahren habe, wollte mein Verstand es lange nicht akzeptieren. Das dunkle Virus ist hinterlistig, es tut alles dafür, um sich zu schützen, indem es versucht, unerkannt zu bleiben."

---

8) Quelle der Übersetzung: http://www.filmzitate.info/index-link.php?link= http://www.filmzitate.info/suche/film-zitate.php?film_id=1997

"Andrej, meinen Sie nicht, dass das eine sehr starke Behauptung ist?", fragte eine andere Frau, die zuvor enthusiastisch in ihr Notizbuch geschrieben hatte. "So eine Aussage ist ein heftiger Schlag für die Psyche, der die Depression eines durchschnittlichen Bürgers um ein Vielfaches verschlimmern kann."

Sie sah sich im Saal um und fuhr lächelnd fort:

"Ich habe vor Kurzem an einem anderen Seminar teilgenommen, auf welchem diametral entgegengesetzte Informationen dargestellt worden sind. Dort wurde gesagt, dass wir alle *Götter* seien, die nur vorübergehend schlafen. Finden Sie nicht auch, dass eine solche Aussage viel motivierender ist? Und einem ohnehin schon gestressten Menschen zu sagen, er sei ein Halbdämon, führt das nicht noch zu viel mehr Stress?"

Ehrlich gesagt, hatte ich mit dieser Frage gerechnet. Sie kommt fast bei jedem Training auf und wird auch in jedem dritten Brief gestellt. Ich nickte.

"Ja, ich verstehe, dass das eine sehr unangenehme Information ist. Man könnte sogar beängstigend sagen. Anzunehmen, wir seien *Götter*, ist viel angenehmer, als sich einzugestehen, dass wir keine sind. Aber ... Schauen Sie sich um, schauen Sie sich an, was in der Welt geschieht, und Sie werden erkennen, dass so eine Welt nicht von *Göttern* geschaffen werden kann."

Die Frau lächelte spöttisch und hob die Hand:

"Nein, es ist natürlich offensichtlich, dass in der Welt nicht alles in Ordnung ist. Doch das ist noch lange kein Grund zu behaupten, dass wir alle Dämonen seien."

Ich schaute mich im Saal um und beobachtete die Reaktionen der Teilnehmer. Es ist sehr wichtig für mich, die Reaktionen im Auge zu behalten und die Emotionen der Zuhörer in ihren Gesichtern abzulesen.

"Sicher, nicht alle. Sie alle und ich", lächelnd führte ich meine Hand durch den Raum, "sind mit Sicherheit keine. Wir sind auf jeden Fall *Götter*, wenn auch potenzielle. Jedenfalls denkt so fast jeder der hier Anwesenden über sich."

Lachen war zu hören.

"Aber im Ernst, was denken Sie, handelt ein Arzt richtig oder falsch, wenn er dem Patienten sagt, dass er schwer krank ist? Das ist zweifellos unangenehm und das Gehirn des Patienten lehnt diese Information ab. Er möchte glauben, dass alles anders ist und er gesund ist. Natürlich könnte der Arzt mitspielen. Dann würde der Patient aber wertvolle Zeit verlieren, die er für seine Heilung nutzen könnte. Das Anerkennen der Krankheit ermöglicht es, sie zu transformieren und gesund zu werden. Meine Beobachtungen zeigen mir außerdem, dass ein Mensch erst dann wirklich beginnt, sich zu ändern, wenn er den Tod fürchtet. Die meisten Versuche davor sind kaum effektiv. Eine andere Sache ist es, wenn sich der Arzt irrt und eine nicht vorhandene Krankheit diagnostiziert. Meinen Sie etwa das? Nun, ich bin auch kein Arzt. Ich stelle hier lediglich meine Version dar, die auf jahrelangen Forschungen und Beobachtungen beruht. In zugänglichen religiösen Quellen werden Sie wohl kaum direkte Informationen über die *Mangen* finden. Natürlich kann ich Ihnen nur von meinen eigenen, persönlichen Erfahrungen berichten. Und ich kann Ihnen sagen, dass ich die *Mangysen* gesehen habe, ich habe ihre absolut fremdartige Natur und Energetik gespürt. Lange Zeit habe ich die Gesellschaft genau beobachtet und die *Mangen* in ihr entdeckt. Aber all das ist meine Erfahrung. Deshalb sage ich Ihnen auch, sehen Sie sich um und entscheiden Sie für sich selbst, ob ich recht habe oder ob es anders nicht."

Mit zusammengekniffenen Augen und einem sarkastischen Blick schaute mich die Frau an. Ich nickte ihr zu.

"Was die *Götter* betrifft, so stimme ich Ihnen vollkommen zu, potenziell sind wir alle *Götter*. Dabei gibt es allerdings ein großes ABER ... Wenn in unserer Welt alle *Götter* schlafen, wie sie behaupten, dann sind es die Dämonen, die die Erde ungehindert beherrschen. Denn wenn ich über die *Mangen* spreche, so meine ich nicht irgendein hypothetisches Szenario, sondern das, was im wirklichen Leben geschieht."

Ich machte eine kurze Pause.

"Wissen Sie, kürzlich habe ich einen Artikel eines Fotografen aus Lateinamerika gelesen. Er ist lange durch die ganze Welt gereist und hat hauptsächlich Krieg und Hunger fotografiert. Er ist zu dem Schluss gekommen, dass die Menschen kein Recht hätten zu existieren. Denn das Ausmaß an Bösem und Zerstörerischem, das der Mensch anrichtet, übersteige das Gute und das Schöpferische. Ich kann mir denken, was Sie sagen möchten", ich nickte der sarkastischen Teilnehmerin zu. "Wenn er stattdessen Ferienorte und Wohlstand fotografieren würde, so würde sich seine Perspektive verändern. An diesem Punkt möchte ich aber auch meine eigenen Erfahrungen berücksichtigen. Während meiner Arbeit als Direktor einer Agentur für Informationssicherheit habe ich den Glauben an die Menschheit verloren. Denn sogar hinter der scheinbar erfolgreichen Fassade von Familien und Organisationen konnte ich sorgfältig versteckte Probleme und Unglück entdecken. Zweifellos gibt es auch glückliche Menschen. Zum einen gibt es davon aber nur wenige, zum anderen ist Glück höchst situationsabhängig und temporär. Ich selbst habe auch die Welt bereist und viel gesehen. Was im Grunde nur die Hypothese bestätigt hat, die ich Ihnen dargelegt habe."

Ich erhob mich vom Stuhl und ging durch den Saal.

"Tatsächlich ist die Menschheit vollkommen von der '*Mortido*-Energie' durchzogen. Wissen Sie, was das ist? Das ist ein Begriff aus der Psychoanalyse, der von einem Schüler Freuds eingeführt wurde. Dieser Theorie zufolge liegen der menschlichen Persönlichkeit zwei Kräfte zugrunde: die schöpferische - die *Libido* - und die zerstörerische - das *Mortido*. Zum *Mortido* gehören Dinge wie Schmerz, Sehnsucht, Gefahr, Angst, das Unbekannte, all das, was die Menschen in Richtung Selbstzerstörung, in Richtung Tod treibt. Einige Anhänger der Psychoanalyse halten *Mortido* für einen angeborenen Zustand der Menschen. Genau darüber haben wir zu Beginn des Trainings gesprochen. In der Psychoanalyse gilt *Mortido* als die Folge von nicht erfüllten grundlegenden biologischen Bedürfnissen und einer unzureichenden Ausschüttung von Glückshormonen, den Endorphinen. Die *Jäger* der *Sibirischen Tradition* hingegen erklären die zerstörerische Energie damit, dass sich in der menschlichen DNA fremdartige Programme befinden, welche den Bauplan unserer DNA durcheinanderbringen. Der Unterschied zwischen diesen beiden Erklärungen liegt eigentlich nur in der Terminologie ..."

"Nun ja, halten wir fest, dass wir nicht genügend Libido haben", sagte jemand und entschärfte damit die angespannte Stille im Raum.

"Wie kann man herausfinden, ob man mehr Mensch oder mehr Dämon ist?", ein junger Mann, dessen Gesicht mir vage bekannt war, stellte diese Frage.

"Der *Mangysismus-Indikator* ist leider noch nicht erfunden worden", sagte ich schmunzelnd, "aber ich kann Ihnen ein paar deutliche Anzeichen nennen. Es ist so, dass eine vollständige Umwandlung in einen *Mangysen* zwar möglich ist, das geschieht aber nur äußerst selten. Wenn das passiert, verändert sich das Wesen und die Natur dieses Menschen komplett, alles wird anders: die Physiologie, die Psychologie, die Moral, das Denken, die Energetik. Man kann diese Kreaturen daran erkennen, dass sie ein unstillbares Verlangen nach Macht und Reichtum haben und die menschlichen Moralvorstellungen vollständig missachten. *Mangysen* befinden sich selten inmitten der einfachen Leute. Ihr Platz ist in hohen Führungsrängen, ihr Territorium ist die Politik und die Wirtschaft. Haben Sie jemals daran gedacht, dass die Gesamtheit unserer Ressourcen durchaus ausreichen würde, um alle Krankheiten, Armut, Hunger zu überwinden und Kriege zu beenden? Aber ... das könnte nur dann getan werden, wenn die Menschheit auch nach menschlichen Prinzipien leben würde. Wir leben heute aber nach den Prinzipien, die von nur 70 Familien vorgegeben werden. Diese besitzen 90 Prozent – faktisch aber die ganzen 100 Prozent – der Reichtümer des Planeten. Diese Kreaturen bringen die Leute gegeneinander auf, weil sie nach einer Logik handeln, die den Maximalprofit erzielen will. Sie interessieren sich nicht für die Millionen leidender und sterbender Erwachsener, nicht für alte Menschen oder Kinder. Wissen Sie, warum es auf der Erde immer noch Kriege gibt, warum noch kein sauberer, günstiger und ökologischer Treibstoff zur Verfügung steht, warum Menschen an schrecklichen Krankheiten und ganze Generationen an Hunger sterben? Die Antwort ist ganz einfach: Maximalprofit, die unfassbare Gier der *Mangysen*. Die *Mangen* sind lediglich eine Projektion dieser Kontrollstrategie. Das ist der Grund, weshalb es in der Gesellschaft Konflikte wie den Kampf um Ressourcen gibt. Genau das ist die fremdartige Idee in unseren Köpfen, aus welcher eine Konsumgesellschaft resultiert. Daher kommt auch der Stress. Das ist keineswegs ein natürlicher Zustand für uns, doch das haben wir vergessen. Von Generation zu Generation werden Verhaltensmuster weitergegeben, die uns immer tiefer in diesen Strudel hineinziehen. Die Konsumgesellschaft trichtert uns verzerrte Ideale ein. Uns wird eingebläut, dass Erfolg bedeutet, so wie die *Mangysen* zu sein. Deshalb entstehen solche Sprüche, die bereits gang und gäbe sind, wie zum Beispiel 'Business ist nichts Persönliches'. Mittlerweile halten wir viele Zustände, die eigentlich für den Menschen nicht charakteristisch sind, für völlig normal. Ich gebe ein paar Beispiele:

EGOZENTRISMUS, WOLLUST, AGGRESSION, NEID, HABGIER, GROLL ...

Haben Sie diese Gefühle schon einmal verspürt?"

Der ganze Saal nickte einvernehmlich, ein Grinsen breitete sich durch die Reihen aus.

"So viel also zu 'alle um uns herum sind Dämonen und wir sind erleuchtete schlafende *Götter*'. In der heutigen Trainingsszene ist das Konzept der *Götter* und *Göttinnen* sehr beliebt. Es ist genau das, was die Leute gerne hören. Gesagt zu bekommen, wir seien alle Dämonen, findet wohl niemand gut. Man spricht vom sogenannten 'falschen Optimismus', so etwas verkauft sich heutzutage sehr gut. Wenn man aber hinter die schöne Maske des 'falschen Optimismus' blickt, findet man sich in der harten Realität wieder, in der das Stressniveau ständig steigt. Glauben Sie mir, wenn wir *Götter* sein wollen, müssen wir zuerst aufhören, Dämonen zu sein. Danach können wir wieder zu *Menschen* werden und erst dann kann man an etwas Größeres denken. Solange der Dämon in uns lebt, ist es fast unmöglich, den *Gott* in uns zu wecken. Besonders wenn wir glauben, dass es überhaupt keinen Dämon gibt."

"Wie können wir also den Dämon in uns loswerden?", fragte mich die Skeptikerin. Ich setzte mich wieder auf meinen Stuhl.

"Das ist eine äußerst schwierige Aufgabe. Zunächst einmal müssen wir erkennen, dass sich viele von uns wie Dämonen verhalten. Wir haben aber eine Vielzahl von Schutzmechanismen im Kopf. Wenn uns jemand etwas Böses tut, halten wir ihn für einen Feind und leisten aktiv Widerstand. Wenn wir selbst jemandem etwas Böses zufügen, so findet unser Bewusstsein eine glaubwürdige Rechtfertigung für unser Verhalten. Erinnern Sie sich? 'Wir sehen den Splitter im Auge des anderen, den Balken im eigenen Auge aber bemerken wir nicht.' Genauso wurden wir seit der frühen Kindheit erzogen. Wenn wir aber endlich erkennen, dass unsere Handlungen oder Gedanken vom Bösen erfüllt sind, so bietet sich uns die einzigartige Möglichkeit zu erkennen, dass in uns tatsächlich ein *Mang* steckt. Dann können wir die Chance nutzen und in einen ganz besonderen Zustand eintreten, der Ausgangspunkt für jede religiöse Reinigung ist. Im Christentum heißt dieser Zustand *'Metanoia'* - *Reue*. In der von mir erlernten Tradition beginnt mit der *Metanoia* der Eintritt in ein einmaliges Mysterium, das die *Jäger* als die *'fünf Ringe der Kraft'* bezeichnen. Dem Glauben der *Jäger* zufolge können wir uns mithilfe dieses Mysteriums nicht nur von der Dunkelheit in uns befreien, sondern auch unsere ursprüngliche *menschliche* Essenz wiederherstellen und sogar in Kontakt mit dem *Höchsten Geist* treten."

"Ist der *'Höchste Geist'* ein schamanischer Begriff?", fragte ein recht junges Mädchen, das direkt vor mir saß.

"Verschiedene Religionen haben verschiedene Bezeichnungen dafür, wenn wir uns aber von den Namen lösen, könnte man sagen, dass es *Gott* bedeutet."

"Das heißt, dass die *'fünf Ringe der Kraft'* ein schamanisches System sind, das zur Erkenntnis Gottes führen soll?"

"Ja, so kann man es auch sagen", nickte ich der jungen Frau zu, "es stammt aber nicht einfach von Schamanen, sondern von einer konkreten Gruppe von Menschen, die sich *Jäger* nennen. Der Ausdruck selbst ist jedoch charakteristisch für eine Vielzahl von schamanischen Kulturen. Es ist kein Zufall, dass sich die Menschen momentan in einem recht depressiven Zustand befinden. Wenn eine junge Seele auf die Erde kommt, ist sie noch in Kontakt mit dem *'Höchsten Geist'*. Im Laufe der Zeit aber wird dieser Mensch unter dem Einfluss seiner Eltern und der Gesellschaft zu einem *Mangen*. Die Verbindung wird getrennt, sie wiederherzustellen ist äußerst problematisch. Nicht ohne Grund sagte einst ein Mönch, dass Gott in jedem Augenblick zu uns spricht, wir ihn aber nicht hören können. Das ist tatsächlich so. Unsere Grundbausteine sind völlig durcheinander, ein ganzes Netz aus Filtern verschleiert wie ein dichter Vorhang unser Bewusstsein. Unsere Vorfahren bezeichneten diese Filter als *'Verkrümmungen'*, also als etwas, das die Realität *verzerrt*. Höchstwahrscheinlich ist das *Mor-*

tido in uns genau auf diesen Zustand zurückzuführen. Unser ganzes Wesen hat Sehnsucht nach der verlorenen Verbindung mit dem *Höchsten Geist*, aus dem wir hervorgegangen sind. Und aus diesem Grund, weil wir ihn hier nicht finden können, folgen wir dem Instinkt der Selbstzerstörung, während wir danach streben, '*nach Hause zurückzukehren*'. Genau dafür haben die *Jäger* ihre *Tradition* gegründet: für die Suche nach dem *Höchsten Geist* und für einen lebendigen Austausch mit ihm, welcher eine große Lust auf das Leben in all seinen Erscheinungsformen hervorruft. Wenn wir den Begriff '*zu Hause*' nicht mit etwas Abstraktem und Transzendentalem, sondern vielmehr mit dieser Realität in Verbindung setzen. Diese Welt ist zwar eine menschliche Welt, da unser Bewusstsein aber durch fremde Einflüsse verändert worden ist, haben wir dieses Verständnis verloren. Indem wir unsere inneren Programme wieder in den Urzustand bringen und unsere ursprünglichen Vernetzungen wiederherstellen, können wir uns erneut *zu Hause* fühlen. So wird kein Drang nach Entkörperlichung entstehen und die 'dunklen Codes' werden nicht aktiviert. Dafür müssen wir aber die Dunkelheit der *Mangen* überwinden, die verhindert, dass unser Bewusstsein Kontakt zum *Höchsten Geist* aufnimmt. Denn das ist das Problem, das die Menschen seit mehreren hundert oder sogar schon tausend Jahren zu bewältigen versuchen."

Ich machte eine Pause und nahm einen Schluck Wasser aus der Flasche. Die Teilnehmer hörten mir aufmerksam zu. Manche schrieben mit, andere dachten nach. Nur die Skeptikerin malte fröhlich etwas in ihr Notizbuch, das eindeutig nichts mit dem Thema des Seminars zu tun hatte.

"Allein schaffen es die Leute nicht, sich vom *Mangen*-Virus zu befreien. Zum einen gelingt es nicht, da sich der Zustand des *Mangen* bereits natürlich und vertraut anfühlt. Zum anderen wird es aber auch aus dem Grund erschwert, dass unsere gesamte Medienwelt von Programmen und Gesetzen durchzogen ist, die diese Lebensweise schützen. Die *Mangysen* erlauben es den *Mangen* nicht, so einfach ihr Territorium zu verlassen. Um eine solche verschleppte Krankheit in den Griff zu bekommen, ist deshalb ein Spezialist vonnöten, und zwar einer, der wirklich etwas von seinem Metier versteht. Bücher und Konzepte reichen nicht aus. Erinnern Sie sich, dass ich gesagt habe, die Zeit von Seminaren würde sich dem Ende zuneigen? Die meisten Trainer sind selbst hoffnungslos krank."

Lachen war im Saal zu hören. Ich lachte auch.

"Es bleibt also nur ein Spezialist, der uns heilen kann: der HÖCHSTE GEIST. Doch leider hören wir ihn nicht, denn der *Mang* in unserem Kopf macht den Kontakt unmöglich."

"Was ist mit den Weltreligionen?", der vertraut aussehende junge Mann löste sich von seinem Notizbuch und schaute mich an. Ich seufzte tief.

"Das ist ein sehr heikles Thema. Wenn die *Mangysen* die Leute auf der höchsten Ebene kontrollieren, haben sie dann nicht wahrscheinlich auch die Weltreligionen beeinflusst, um eine Kontaktaufnahme mit dem *Höchsten Geist* zu verhindern? Was meinen Sie? Zweifellos liegen im Kern der Religionen mächtige Mechanismen zur Erweckung des Geistes verborgen. Es ist aber nicht so einfach, zu diesen vorzudringen. Auch hier braucht man entweder einen erfahrenen spirituellen Helfer oder die Unterstützung vom *Höchsten Geist* selbst. Was die spirituellen Helfer anbelangt, spielt aber auch der sogenannte 'menschliche Faktor' eine wichtige Rolle. Ich habe nur wenige Geistliche getroffen, die das wahre Wesen der Religion für meine verzerrte Wahrnehmung verständlich machen konnten. Die meisten Geistlichen handhaben diese Fragen einfach nur völlig formal. Und ehrlich gesagt gibt es selbst unter den Geistlichen nur wenige echte *Menschen*. Wenn der *Höchste Geist* selbst uns hilft, werden wir leider oft von unserer verzerrten konsumgesteuerten Weltanschauung blockiert. Kirchen und Tempel sind überfüllt mit Leuten, die dorthin gehen, weil sie etwas wollen. Die Religion aber ist etwas unvorstellbar viel Größeres ..."

“Wo ist also der Ausweg, Andrej, verraten Sie es uns?”, die skeptische Frau schaute von ihren Notizen auf und sah mich erwartungsvoll an. Für ein paar Sekunden lang war ich wie erstarrt und konnte kein Wort herausbringen. Mein ganzer Körper zitterte auf einmal, so als würde elektrischer Strom durch mich hindurchfließen. Ich konnte sie wieder spüren. Vor meinem geistigen Auge sah ich erneut, wie die riesige dunkle *Welle* auftauchte und näher kam, sie reichte bis zu den Wolken hinauf. Ich blickte zum Fenster. In dieser Welt war draußen nichts Besonderes zu sehen. Lediglich ein Taubenschwarm flog in den Himmel hinauf, als hätten sie Angst vor irgendeinem unsichtbaren Wesen.

“Wie ich bereits gesagt habe, ist es sehr schwer, diesen Zustand zu verlassen, da er auf der Ebene eines universellen sozialen Modells aufrecht erhalten wird. Aus diesem Grund gingen die Leute früher in Klöster, in psychiatrische Einrichtungen oder führten ein Einsiedlerdasein. Unsere gesamte Gesellschaft basiert auf einer Philosophie, die *Fremde* uns auferlegt haben und an die wir gezwungen wurden zu glauben.

“Nun, Andrej, es besteht kein Grund zur Verallgemeinerung”, sagte die Skeptikerin mit einem koketten Schulterzucken, “vielleicht glaubt die Mehrheit daran, aber nicht alle.”

“Das ist eine gerechtfertigte Bemerkung”, nickte ich, “natürlich nicht alle. Aber Sie denken wahrscheinlich, dass es auch auf die hier Anwesenden nicht zutrifft?”

“Wir sind schließlich hierhergekommen, es kann also nicht ganz so schlimm sein.”

Meine Gesprächspartnerin lächelte zwar, aber es war offensichtlich, dass sie gereizt war.

“Machen wir einen einfachen Test. Einverstanden?”

Die Teilnehmer im Saal nickten zustimmend.

“Lassen Sie uns unsere Beziehung, nun, beispielsweise zum Pflanzenreich analysieren”, ich näherte mich einer großen Blume, die in der Ecke des Saals in einer riesigen Vase stand. Das machte ich oft bei meinen Seminaren. "Lassen Sie uns einmal sammeln, was geben die Pflanzen uns Menschen?"

Einige Antworten erklangen aus dem Saal:

"Sauerstoff."

"Sie absorbieren Kohlendioxid."

"Nahrung."

"Medizin."

"Baumaterial."

"Brennstoff."

"Papier, Zellulose."

"Ohne das Pflanzenreich wäre die Menschheit also verloren? Gut, dann habe ich noch eine Frage: Was geben wir dem Pflanzenreich zurück? Und ich meine nicht den Anbau für Industrie- oder Ackerland. Ich spreche von Dankbarkeit und Respekt für die unschätzbar wertvollen Güter, die wir von ihnen bekommen."

Betretenes Lächeln war auf den Gesichtern der Teilnehmer zu sehen.

"Rein - gar - nichts. Wir haben nie über diese Dinge nachgedacht, es erschien uns einfach offensichtlich und richtig. Wissen Sie warum? Weil wir *Mangen* sind, Konsumenten. Die Philosophie des Konsums ist zu unserer Weltanschauung geworden. Wir können noch so oft behaupten, wir seien nicht so. Aber glauben Sie mir, wenn man anfängt zu graben, dann beginnen sich aus den gewöhnlichsten, scheinbar unbedeutenden Dingen Bilder herauszukristallisieren, die unser Verstand im Alltag einfach zu ignorieren versucht. So gesehen", ich blickte zu meiner verärgerten Gesprächspartnerin, "ist alles sogar sehr schlimm. Die *Metanoia* ist gerade dafür so wichtig. Wir müssen erkennen, dass unsere Weltsicht verzerrt ist, und wir müssen uns von ihr lösen."

"Nun gut, nehmen wir einmal an", die Frau betonte diese Worte deutlich, "Sie hätten uns überzeugt. Wir haben verstanden, dass alles nicht so einfach ist, wie es scheint. Wie können wir uns von diesem 'dunklen Virus' befreien? Na los, Andrej, spannen Sie uns nicht weiter auf die Folter. Sagen Sie es uns schon."

Ich blickte in den Saal. Ich verstand, wie schwer es für die Anwesenden war, das jetzt durchzumachen.

"Haben Sie Geduld, liebe Freunde! Geduld ist auch eine wichtige Eigenschaft in diesem Prozess. Dazu aber später mehr ..."

Die Skeptikerin schnaubte und versteckte ihre Verärgerung schon nicht mehr.

"Sie reden nur um den heißen Brei herum."

Ich machte eine beschwichtigende Bewegung mit der Hand.

"Nicht ich. Ich habe hier nur eine sekundäre Funktion."

"Aha. Zu wem sind wir noch gleich zum Training gekommen?", auf dem Gesicht der Frau war eine ganze Palette an Emotionen zu sehen. Ihre Sitznachbarn schauten sie eindringlich an und gaben damit zu verstehen, dass sie ihr Verhalten nicht guthießen.

"Sie sind zu diesem Training gekommen, weil Sie Ihrer inneren Stimme gefolgt sind. Etwas in Ihrem Inneren fühlte, dass Sie sich einer bedrohlichen Grenze näherten und dass es höchste Zeit war, etwas zu ändern. Da es äußerst schwierig ist, mit der eigenen Verwirrung umzugehen, suchen wir uns einen *Begleiter,* der häufig die Rolle eines Tricksters einnimmt und der Sie in Aufruhr versetzt. Es ist sinnlos, wenn der *Begleiter* Ihnen das sagt, was Sie hören wollen. Unter diesen Umständen können keine Veränderungen herbeigeführt werden. Wenn es dem *Begleiter* aber gelingt, Ihnen Ihre dunkle Seite bewusst zu machen, ist es nur noch ein Schritt bis zur *Metanoia*. Eigentlich sind Sie also nicht hierhergekommen, um mich zu treffen, sondern um sich selbst zu begegnen."

Ein grell orangefarbener Sonnenstrahl schien durch das Fensterglas. Ich blinzete und konnte nicht aufhören, nach draußen zu schauen.

"Um die inneren Transformationsprozesse in Gang zu bringen, ist es, wie ich bereits gesagt habe, für die Menschen oft notwendig, sich auf den schmalen Grat zwischen Leben und Tod zu begeben.

Dort eröffnet sich ihnen die Chance, sich aus den Fängen des *Mangen* zu befreien. Ohne es zu wissen, beschwören wir tödliche Krankheiten in uns hervor, bewegen uns auf Katastrophen zu, entzünden ein Kriegsfeuer um uns herum. All das sind unsere unbewussten Versuche, die Maske des Fremden, des *Mangen* von uns zu reißen. All das ist auf eine übermäßig hohe Konzentration an der *Mortido*-Energie zurückzuführen, die uns entweder zerstört oder uns aber die Chance gibt, eine neue Ebene zu erreichen. Doch das ist ein sehr gefährliches Spiel. Nur wenigen gelingt es, durch die 'dunklen Codes des *Mortido*' und die von ihnen hervorgerufenen Situationen hindurchzuschlüpfen. Wissen Sie, was mir aufgefallen ist?", ich machte eine wirkungsvolle Pause. "Die Situation hat sich erheblich zugespitzt. Schauen Sie nur, was in der Welt vor sich geht. Die Sterblichkeitsrate in der Gesellschaft ist stark gestiegen. Es gibt Epidemien oder sogar Pandemien. Umweltkatastrophen. Lokale Kriege. Haben Sie bemerkt, dass momentan in der Welt etwas Besonderes vor sich geht?"

Die Teilnehmer nickten. Die Skeptikerin hielt sich zurück, aber ich konnte spüren, dass sie etwas sagen wollte. Ich wusste sogar, was. Ich spürte die Angstwellen, die von ihr ausgingen. Schließlich hielt sie es nicht mehr aus:

"Sie machen uns schon wieder Angst? Wird es bei diesem Training heute auch irgendetwas Positives geben?"

Ich breitete verwirrt die Arme aus.

"Ich mache keine Angst. Ich versuche, ein Bild zu zeichnen, von dem aus wir uns vorwärtsbewegen können. Sie denken ja nicht, dass ich für diese offensichtlichen Katastrophen verantwortlich bin, oder?"

"Natürlich nicht, aber meiner Meinung nach sind Sie viel zu stark auf die negative Seite des Lebens fokussiert. Vielleicht projizieren Sie Ihre Mortido-Energie auf uns? Ich finde, dass man den Leuten etwas Positives geben muss, um sie vom Stress zu befreien, anstatt den Stress noch zu verstärken. Auf der Welt gibt es schließlich schon so viel Schlechtes, dass man es mit etwas Gutem kompensieren sollte."

"Da haben Sie absolut recht! Wir brauchen aber keinen 'falschen Optimismus', sondern das wirklich Gute. Tief und rein. Echt. Um zu diesem Guten vorzudringen, muss man es von allen dunklen Überresten und Fremdkörpern befreien. In einem alten Altai-Epos heißt es: 'Um das *Licht* zu erblicken, muss man durch das *Dunkel* gehen ...' Vielleicht halten Sie das bloß für einen schönen lyrischen Satz. Das größte Problem der verzerrten Menschheit ist, dass die Leute kein echtes Glück erfahren können. Na ja, sie können es, aber nur für sehr kurze Zeit, es ist wie ein seltener Blitz, der manchmal unser Leben erhellt. Das liegt nicht daran, dass es zu wenige Anlässe für Glück gibt, sondern an unserer verzerrten Wahrnehmung. Sie hat eine sehr traurige Folge: Wir verspüren eine schreckliche Angst, die unser Leben vergiftet. Darüber haben wir bereits gesprochen. Die Angst vor dem Tod. Mit dieser Angst in uns ist es unmöglich, lange glücklich zu sein. Sie verdrängt alle positiven Gefühle und Ereignisse aus unserem Bewusstsein und füllt diesen Raum mit der destruktiven *Mortido*-Energie. Vielleicht streben die Menschen unbewusst genau deshalb nach dem Tod, um sich von diesem enormen inneren Druck zu befreien. So paradox ist unser Leben. Wir rennen unser ganzes Leben lang vor dem Tod davon, bemühen uns, nicht an ihn zu denken, doch gleichzeitig fühlen wir uns von ihm angezogen und sehnen uns unbewusst nach ihm. In uns kämpfen zwei sich gegenseitig ausschließende Kräfte. 'Ein zum Tode Verurteilter kann im Morgengrauen nicht lächeln.'"

"Was können wir in Bezug auf den Tod also tun? Wenn Sie uns schon überzeugt haben und wir bereit sind, uns zu ändern."

"Gute Frau, nun hören Sie schon auf, mit Ihrem Geschwätz unsere Zeit zu vergeuden!", platzte der Mann neben ihr heraus. Er drehte sich zu ihr und sagte: "Wenn Sie ein Problem haben, verlassen Sie den Saal. Wir sind schließlich nicht hier, um Ihnen zuzuhören."

“Schon gut, alles in Ordnung!”, ich lächelte. “Das ist ein wichtiger Teil des Prozesses! Das ist eine völlig natürliche Reaktion auf die Prozesse, die gerade in uns ablaufen. Der erste Teil des Trainings ist mit ziemlich umfangreichen Informationen überladen. Da müssen wir aber durch.”

Ich schaute noch einmal zum Fenster, in die helle Sonne, die auf die Stadt und die Menschen schien, die alle durch die Straßen eilten und sich um ihre eigenen Angelegenheiten kümmerten.

“Hinsichtlich des Todes können wir nichts tun. Da müssen wir alle durch. So wie es auch Buddha, Jesus und Mohammed zu ihrer Zeit mussten. Was wir aber tun können, ist, unsere Wahrnehmung zu ändern, indem wir unsere Beziehung zum Tod verändern. Der *Mensch* und der *Mang* haben schließlich unterschiedliche Einstellungen gegenüber dem Tod. Um jedoch unsere *menschliche* Essenz zurückzubekommen, müssen wir innehalten und die Dunkelheit ansehen.”

Pause. Das Reden und Denken fiel mir schwer. Es war eine Reaktion auf die neue Energie, die ich seit jener Nacht in der Taiga regelmäßig spürte.

“Was unsere Bereitschaft zu Veränderung betrifft, so halten wir unsere Wünsche oft für die Realität. Aber die Prozesse, über die ich zu sprechen begonnen habe, machen es unmöglich, in Illusionen gefangen zu bleiben. Sie bringen alles an die Oberfläche, sowohl das Licht als auch das Dunkel, ob wir dafür bereit sind oder nicht. Sie werden alles Überflüssige von uns reißen und nur das Wesentliche übrig lassen.”

Ich schloss die Augen. Die *dunkle Welle* war schon ganz nah. Ein feines Kribbeln auf meiner ganzen Hautoberfläche verriet mir, dass sie sich mir näherte. Es war seltsam, aber irgendwie hatte ich mich schon an dieses Gefühl gewöhnt.

Erinnerungen

DER JÄGER

(Donbass, Herbst 2014)

"Der Mensch wandelt inmitten von tausend Gefahren, die, wenn er sie wahrnehmen würde, seine Seele in Verzweiflung setzen müßten; aber er bleibt heiter und ruhig, weil die ihn umgebende Gefährdung seinen Augen verborgen bleibt."[9]

Daniel Defoe, "Robinson Crusoe"

Aus der Ferne war ein dröhnendes Echo zu hören, als hätte ein Gewitter seine Elektrizität in die vom Regen feuchte Luft entladen. Aber es war kein Gewitter. Es war das ferne Heulen der Artilleriebatterien, die todbringende Granaten in Richtung der Wohnsiedlungen ausspien. Ich hielt an und schaute mich um.

---

9) Quelle: Defoe, Daniel, Robinson Crusoe, Braunschweig: Damnick 2015, S. 203

Das war schon die zweite kleine Stadt, in die mich diese Reise führte. Noch vor kurzem war hier gekämpft worden. Die Kontaktlinie lag jetzt von hier aus recht weit entfernt, aber Distanz spielte keine Rolle für mich. Mir war etwas anderes wichtig. Diese Reise sollte mir die Antwort auf eine sehr wichtige Frage bringen, die mir schon einige Monate lang keine Ruhe ließ. Ich setzte mich und legte die Handflächen auf die Erde, ich fühlte in mich hinein. Sofort breitete sich in meinem Innern ein seltsames Gefühl aus. So als würde man am Rande eines Vulkanschlotes stehen, der kurz zuvor feuerheiße Lava ausgespuckt hatte. Sogar die Luft fühlte sich an, als würden unsichtbare schwefelhaltige Staubpartikel umherschweben. Ich erstarrte, ließ den inneren Dialog verstummen und vertiefte mich in die Empfindungen. Sogleich sprach sowohl meine innere als auch die äußere Umgebung in Form von visuellen Bildern zu mir.

Pfeifende Kugeln und Grauen, das sich wie ein kalter Gebirgsbach durch die Straßen der Stadt zog.

Eine Leiche unter einem blutverschmierten Laken.

Ein kleines Mädchen, dessen Gesicht vor Angst verzerrt war, klammerte sich an den Hals seiner davonlaufenden Mutter.

Ein Auto mit einem rauchenden Reifen, das am Straßenrand geparkt war.

Ein knochendürrer Hund mit gebrochener Pfote, der winselnd hinter die Garagen flüchtete.

Das wilde, unmenschliche Entsetzen und eine Art universelle Verzweiflung eines kleinen Jungen, der neben dem Körper seiner für immer erstarrten Mutter saß, deren Bauch und Brustkorb von einem scharfen Splitter durchbohrt worden war.

Ich öffnete die Augen, holte tief Luft und entspannte das vor Anspannung zusammengepresste Zwerchfell. Dieser Ort war erfüllt von *Schmerz* und *Bösem*. Ich hatte das Gefühl, als würde ich mich in der Wiege dieses Schmerzes und Bösen befinden, an dem Ort, von dem aus sie angefangen hatten, den Planeten zu durchstreifen. Noch einmal sah ich mich nach allen Seiten um. Das war ein gewaltiges Gefühl - sich im Epizentrum der Apokalypse zu befinden.

Vor langer Zeit hatte ich einmal versucht, mir diesen Ort vorzustellen. Meine Vorstellungskraft aber malte Bilder von entfernten, exotischen Wüsten oder anderen Orten, die mehr einer Szene aus 'Star Wars' glichen. Doch es war mir nie in den Sinn gekommen, dass das *Böse* mitten in dem Land ausbrechen würde, das mir vertraut war, und dass ich auf einer der Straßen sitzen würde, die praktisch Zeuge der Entstehung des *Bösen* war.

Plötzlich waren die Haare an meinem Hinterkopf besonders sensibel. Diese Empfindung war mir vertraut. Ich richtete mich auf und drehte mich um. Ja, es passte alles zusammen. Die Nacht in der altaischen Taiga, in der ich von der *dunklen Welle* geträumt hatte. Ich wusste ganz genau, dass solche *Träume* unbedingt auf der physischen Ebene überprüft werden müssen. Als ich nach Barnaul zurückgekehrt war, bin ich sofort ins Büro gefahren, wo ich erfahren habe, dass in Kiew ein Putsch stattgefunden hatte. Als ich mir nur flüchtig die Videoaufzeichnungen ansah, wurde mir bereits klar, dass mein *Traum* keine Abstraktion war. Ich verstand, dass etwas Fürchterliches geschehen war, das in meinem Traum in Form der *dunklen Welle*, die über den Planeten rollt, zu sehen war. Wenig später begriff ich allerdings allmählich, dass das Symbol der *Welle* gar nicht so abstrakt war. Und jetzt, da ich mich einige Tage lang im Donbass aufhielt, konnte ich mich ein weiteres Mal davon überzeugen, dass ich recht hatte. Auf unserem Planeten war irgendein globaler Prozess in Gang gesetzt worden, der sich nicht nur auf feinstofflicher Ebene bemerkbar machte, sondern auch in der materiellen Welt zu sehen war.

Ich lauschte aufmerksam. Nicht dem entfernten Kanonendonner, nein. Ich lauschte den Empfindungen auf meiner Haut, es fühlte sich an wie hunderte winzige Nadeln, die sich in meinen Rücken und meine Arme bohrten. Versuchte meine Fantasie schon wieder, das regelmäßig in meinem Innern auftauchende Bild der *Welle* mit seltsamen körperlichen Reaktionen in Verbindung zu setzen? Nun, die *Welle* an ihrem Entstehungsort zu treffen, wäre ein schönes Bild. Ich fröstelte und es schüttelte mich heftig. Das Kribbeln hatte aufgehört, ein leichtes Schwindelgefühl und eine plötzliche Schwäche gesellten sich aber zu dem inneren Bild der dunklen Mauer, die sich durch die menschenleeren Straßen der unglückseligen Stadt bewegte und sich entfernte. Nur um einige Zeit später wieder in meiner Fantasie aufzutauchen ...

Training

DIE MANGEN

(Moskau, Frühling 2015)

"Niemand verachte solche geheime Hinweisungen und Winke auf Gefahren, wenn sie ihm auch da zu Theil werden, wo er an ihre Begründung nicht glauben mag."[10]

Daniel Dafoe, "Robinson Crusoe"

"Welche Ereignisse meine ich? Diejenigen, die wir in ihrer Gesamtheit als KRISE bezeichnen. Erinnern Sie sich, womit das Training begonnen hat? Diese Krise ist allerdings besonders, nicht zufällig wird sie immer öfter auch als WELTKRISE bezeichnet. Auf dem ganzen Planeten wurden irgendwelche globalen Prozesse in Gang gesetzt. Da unser Verstand diese Umbrüche mit nichts bisher Dagewesenem vergleichen kann, hat er für sie

10) Übersetzung aus: Defoe, Daniel, Robinson Crusoe, Braunschweig: Damnick 2015, S. 256

die nahe liegende Definition ‘*Krise*’ gewählt. Und wie gewöhnlich haben wir sogleich mit einem erhöhten Stresslevel auf sie reagiert. Die Schamanen der *Jagdtradition* haben diese Zeit schon lange vorhergesagt. Sie sprachen über einen Wechsel der globalen *Zyklen,* über den Beginn einer Ära der Erschütterungen, die den Übergang vom alten *Zyklus* zu einem neuen mit sich bringt. Überlegen Sie mal, wodurch zeichnen sich solche Prozesse aus?”

Nach wenigen Sekunden bekam ich eine Antwort:

“Durch den Zerfall des vorherigen *Zyklus*.”

“Ganz genau. Das alte System bricht zusammen und das *neue* befindet sich gerade erst im Aufbau. Eine schwierige Zeit. Kein Wunder, dass unser Verstand solchen Belastungen nicht standhält, und die ‘dunklen Codes’ in der Hoffnung aktiviert, dieser globalen Baustelle zu entfliehen. Die alte, marode, aber vertraute Welt gibt es nicht mehr, die neue muss noch aufgebaut werden. Das ist sehr kompliziert und beängstigend. Noch beängstigender ist es aber zu beobachten, wie all das zerfällt, was wir lange als gewöhnlich und unerschütterlich angesehen haben. Wann hat Ihrer Meinung nach diese *Weltkrise* angefangen?”

“2012!”

“Vor 20 Jahren.”

“Vor einem Jahr.”

Ich hörte mir alle Vorschläge an.

“Ich stelle Ihnen meine Version vor. Es handelt sich dabei nicht nur um eine Vermutung, sondern um eine multifaktorielle Forschung. Kommt es Ihnen nicht so vor, dass der Dominoeffekt mit der Ukraine ausgelöst wurde?”

“Nicht mit Jugoslawien?”

“Oder Syrien?”

“Ja, Krisenherde gab es schon davor. Jugoslawien, Afghanistan, Irak, Libyen, Syrien ... Der Krisenherd in der Ukraine war allerdings von ganz anderer Art. In den bisherigen Ländern kam die Proteststimmung mithilfe von Verrätern auf, woraufhin eine Intervention von außen stattfand. In der Ukraine hingegen brach das Böse aus dem Innern hervor, aus der Tiefe, ausgelöst durch einen massiven Bewusstseinswandel. Seit Februar 2014 wurde damit angefangen, die gesamte Geopolitik, das gesamte Wirtschaftssystem zu verändern. Es war so, als wäre ein gigantisches Geschwür aufgebrochen, und von diesem Moment an schienen alle Ereignisse einem bestimmten Schema zu folgen."

Die Teilnehmer nickten zustimmend.

"Wenn Sie wollen, werde ich mit Ihnen meine eigene mystische Erfahrung teilen, die mit diesem *Umbruch* zusammenhängt. Ich befand mich damals eine Zeit lang in der Taiga. Und genau da, im Februar, habe ich eines Nachts im Traum deutlich gespürt, dass etwas von globalem Ausmaß geschehen war. Etwas, nach dem unser Leben niemals wieder wie zuvor sein würde."

Ich setzte mich und schloss wieder für einen Moment die Augen. Mit der Zeit hatte ich gelernt, ihr Auftauchen viel deutlicher wahrzunehmen. Ich fühlte, wie die *Welle* genau auf uns zukam.

"Nachdem ich aufgewacht war, wusste ich, dass in der Gesellschaft etwas geschehen war. Als ich in die Stadt zurückkehrte, den Fernseher einschaltete und durch die Kanäle zappte, war ich mir sicher, dass meine Gefühle mich nicht getäuscht hatten. Später folgten die Forschungen meiner Agentur. Kurzum, ich war endgültig davon überzeugt, dass wir zu einem *neuen Zyklus* übergegangen waren. Der alte Zyklus begann rasch zusammenzubrechen. Wissen Sie, was in meinem Traum in der Taiga passiert ist?"

Der Saal war still. Ich blickte mich um und suchte auf den Gesichtern der Teilnehmer nach Anzeichen dafür, dass auch sie die dunkle Energie der *Welle*, die durch uns hindurchging, irgendwie spürten. Unruhe, Anspannung, sogar Angst. Ich hatte das Gefühl, dass sich die Teilnehmer, wenn sie es könnten, intuitiv aneinander festhalten würden.

“Ich habe eine riesige *dunkle Welle* gesehen, die vom Horizont aus auf uns zukam. Die *Welle* hat mich aufgeweckt. Es war ein höchst unangenehmes Gefühl.”

Ich wandte mich vom Saal ab und drehte mich zum Fenster. Ich atmete tief ein, schloss die Augen und traf auf den gigantischen, unsichtbaren dunklen Tsunami.

Die *dunkle Welle* rollte durch mich hindurch und hinterließ das Gefühl, als hätte sie für den Bruchteil einer Sekunde meine Eingeweide nach außen gestülpt und sie mit Brennnesseln verbrannt. Für ein paar Augenblicke funktionierte mein Gehirn nicht, alle Gedanken waren von der zähen dunklen Elektrizität wie paralysiert. Eine Sekunde später war alles vorbei. Eine dröhnende Leere erklang in mir. Es dauerte kurz, bis ich alle vorherigen Gedankenprozesse wieder aktivieren konnte. Ich drehte mich zum Saal um. Niemand verstand, was los war, einige Teilnehmer aber hatten offensichtlich etwas gespürt.

“Lassen Sie uns fünf Minuten Pause machen”, sagte ich mit gepresster Stimme. Alle Anwesenden erhoben sich bereitwillig von ihren Plätzen.

Erinnerungen

DANILYTSCH
DIE DUNKLE WELLE

("Bely Jar", März 2014)

"Ich dachte immer: Was passiert ist, ist passiert. Was zum Teufel macht es für einen Unterschied, aus welchem Grund der Himmel schon wieder über meinem Kopf zusammengebrochen ist? Er ist nun mal zusammengebrochen, also muss man auch damit fertig werden."[11]

Max Frei

Ich war wieder zu Gast bei dem Seher. Ich gehe immer zu ihm, wenn ich Hilfe brauche. Sein Haus ist wie eine magische Hütte, in dem ein gutmütiger Zauberer wohnt. Hier wird alles klar und

11) Eigene Übersetzung, Anm. d. Übers.

verständlich, Sorgen und Zweifel verfliegen, das Atmen wird einfacher. Und so standen der Seher und ich jetzt auf der Veranda und füllten unsere Lungen mit der reinen, eisigen Dorfluft. Ich drehte mich zu ihm.

“Alter Mann, hast du bemerkt, dass sich die Leute verändert haben?”

Der Seher schaute mich nun auch an und wartete darauf, dass ich fortfuhr.

“Sie haben irgendwie angefangen, sich zu schnell zu verändern. Das erschreckt mich. Ich habe den Eindruck, dass irgendetwas mit ihnen geschieht. Heute hast du eine Person vor dir und morgen - wusch! - steht ein Fremder vor dir! Am gravierendsten finde ich dabei, dass diese Veränderungen von außen betrachtet sehr offensichtlich sind, der Mensch selbst aber bemerkt sie überhaupt nicht. Ist das eine Folge davon, dass ein neuer *Zyklus* begonnen hat?”

Der Alte wickelte sich in einen Pelz.

“Es gab sowieso nie etwas auf der Welt, das unveränderlich war, jetzt hat sich alles nur um ein Vielfaches intensiviert. Worüber soll man sich also wundern?”

Ich zuckte mit den Schultern:

“Über die Geschwindigkeit. Ich bin es einfach nicht gewohnt, dass die Veränderungen so schnell ablaufen. Früher hat etwas Vergleichbares Monate oder Wochen gedauert, heute sind es nur noch Stunden. Das Schlimmste ist außerdem, dass sich sogar diejenigen verändern, die für mich immer ein Beispiel für gesunden Menschenverstand waren. Habe ich dir erzählt, dass ich vor kurzem Artschudaj besucht habe?”

Artschudaj ist ein Schamane und Kräuterkundiger. Die *Jäger* hatten mich ihm vor einiger Zeit vorgestellt. Ich habe von ihm nicht nur viel über die Kunst magischer Kräuter gelernt, Artschudaj hat mich sogar zu sich in “seinen Wald” eingeladen, der sich an einem sehr mächtigen *Kraftort* befindet, wo er mir erlaubte, Kräuter zu sammeln. Einen Teil der Kräuter ließ ich meist bei ihm zum Trocknen zurück, später kam ich dann mit dem Auto, um sie zu holen, manchmal blieb ich auch einige Tage zu Gast bei dem Kräuterkenner. Mein letzter Besuch bei ihm war sehr ungewöhnlich gewesen. Der Kräutermeister stand vor seinem Ail, der altaischen Jurte, lud mich aber nicht wie gewöhnlich ein einzutreten.

"Guten Tag, Artschudaj!"

Der Schamane nickte zur Antwort und nannte mich bei meinem altaischen Namen.

"Guten Tag, Adutschi."

"Wie geht es dir?"

"Den Geistern sei Dank, mir geht es gut."

"Wir haben uns lange nicht gesehen. Darf ich meine Taschen mitnehmen?"

Schweigend ging der Schamane ins Ail und kam sogleich wieder zurück mit zwei großen Taschen in den Händen, die einen beißenden Kräutergeruch verströmten. Sie mussten bereits direkt am Eingang gestanden haben. Da unser Treffen nicht vereinbart gewesen war, hieß das wohl, dass er ... sie wegwerfen wollte? Ich schaute dem Altaier in die Augen. Ein seltsamer Schatten blitzte in seinem Blick auf und verschwand wieder, wie ein verängstigter schwarzer Vogel, der sich von einem Ast erhob und ins Dickicht des Waldes davonflog. Der Kräuterkenner wandte den Blick ab und nickte immer noch schweigend in Richtung Taschen.

"Ist alles in Ordnung, Artschudaj?"

"Du bist lange nicht hier gewesen. Deine Kräuter haben angefangen, 'schwer zu atmen'. Nimm sie mit!", sagte er ungewöhnlich harsch, "und komm in Zukunft nicht mehr zu mir. Such dir einen anderen Ort für die '*grüne Jagd*'! Ab sofort ist mein Wald für die *Jäger* gesperrt!"

Verwundert sah ich den Mann an, mit dem ich noch vor einem halben Jahr zusammen in den Wald gegangen war, gelacht und am Lagerfeuer gesessen hatte. Jetzt spürte ich eindeutig, dass mit Artschudaj etwas geschehen war. Er war wie ausgewechselt, vor mir stand ein völlig Fremder.

"Artschudaj, was ist denn passiert? Habe ich dich irgendwie verärgert? Oder jemand von den *Jägern*?"

Der Schamane sah mir noch immer nicht in die Augen, entweder, weil er sich für sein Verhalten schämte, oder aber, damit ich nicht noch einmal den schwarzen Schatten in seinen Augenwinkeln bemerken würde.

"Geh einfach."

Ich nahm die Taschen, lud sie in den Kofferraum des Autos und drehte mich schließlich noch mal zum Ail des Kräutermeisters um. Artschudaj selbst war schon weg, er war, ohne sich zu verabschieden, hineingegangen. Ich sah mich um und fühlte in mich hinein. Ein seltsames Gefühl stieg in mir auf. Nicht nur der Schamane war jetzt ein Fremder, die ganze Umgebung fühlte sich fremd an. Der nahe liegende Wald, den ich früher als einladend und märchenhaft empfunden habe, präsentierte jetzt misstrauisch seine scharfen Äste. In diesem Wald Kräuter zu sammeln, würde mir jetzt im Traum nicht mehr einfallen. Auch ohne den seltsamen Auftritt seines "Besitzers". Aber nach diesem Gespräch mit Artschudaj nun erst recht nicht. Schweigend verneigte ich mich vor dem Ail und dem Wald, setzte mich ins Auto und gab Gas, nachdem ich auf die Straße gerollt war. Plötzlich wollte ich diesen Ort nur noch so schnell wie möglich verlassen.

Danilytsch hörte mir zu, aber es war offensichtlich, dass die Geschichte ihn nicht so sehr beeindruckte, wie mich das letzte Treffen mit meinem ehemaligen Freund beeindruckt hatte.

"Danilytsch, was geschieht nur? Wenn sich Artschudaj schon so verändert hat, was wird dann mit mir passieren? Das macht mir große Angst. Eines Morgens werde ich aufwachen und ein ganz anderer sein als der, der sich schlafen gelegt hat. Und ich werde es noch nicht einmal bemerken ..."

Der Seher nickte.

"Du wirst dich mit Sicherheit verändern! Anders kann es gar nicht sein. Das Universum verändert sich. Die Frage ist nur, auf welche Weise du dich verändern wirst. Wirst du den *Menschen* näher kommen, oder wirst du wie von einer Welle in Richtung der *Mangysen* getragen?"

Ich sah den *Jäger* schief an. Sein Vergleich weckte die Erinnerung an den Traum mit der *dunklen Welle* am Horizont. Danilytsch begegnete meinem Blick. Mir schien es, als ob er wüsste, woran ich gedacht hatte, und dass er nicht zufällig diesen Vergleich gewählt hatte.

"Andrej, du musst eine sehr wichtige Sache begreifen: Wir sind in eine neue Realität eingetreten. Nichts wird mehr so sein wie früher. Die Welt reinigt sich von der alten Zeit. Schon sehr bald werden die Wellen eines unsichtbaren Ozeans alles Veraltete, alles, was nicht lebensfähig und nicht stark genug ist, um die *neue Welt* anzunehmen, wegspülen."

Ich saugte tief die frische Luft ein.

"Danilytsch, vor einem Monat in der Taiga hatte ich einen seltsamen Traum."

Der *Jäger* schüttelte den Kopf.

"Das war kein Traum. Ich weiß, was du mir erzählen möchtest. Deshalb sage ich dir, das war kein Traum ..."

Wir saßen im Haus. In der Mitte des Raumes knisterte gemütlich das Birkenholz im Ofen. Der *Jäger* saß neben mir in einem Korbsessel. Vor uns stand das passende geflochtene Tischchen mit zwei Tassen Tee aus derselben Kräutermischung wie immer und ein Töpfchen Honig.

"Das, was momentan in der Welt geschieht, ist vergleichbar mit der Verschiebung zweier mächtiger Gesteinsschichten, die sich seit Tausenden von Jahren nicht bewegt haben. Doch dann setzt die enorme Spannung, die sich zwischen ihnen aufgebaut hat, Kräfte in Gang, die sich nach außen ausbreiten. Wenn sich so etwas im Ozean abspielt, weißt du, was dann passiert?"

Ich nickte.

"Es entsteht ein Tsunami. Eine riesige Welle, die sich in alle Richtungen ausbreitet."

Der Seher zeigte mit der Hand zum Fenster.

"Wir leben alle in einem Ozean aus unsichtbaren Energien. In diesem Ozean haben wir Inseln mit mehrstöckigen Häusern gebaut und uns vom Wasser abgekapselt. Wir dachten, indem wir eine Stadt errichten und uns in ihr verstecken, wären wir kein Teil des Ozeans mehr. Daher ist es nicht verwunderlich, dass bei einem Zykluswechsel eine Welle auftauchen muss, und jetzt bewegt sie sich unentwegt auf unsere Häuser zu."

Ich rieb mir die Schläfe und versuchte, meine Gedanken zu ordnen.

"Heißt das ... die *Welle* ist nicht meiner Fantasie entsprungen, während ich träumte? Hast du sie auch gespürt?"

Der Seher legte die Hände auf seine Brust.

"Ich *sehe* sie, in den *Lichtschatten*."

Ich dachte über das Gehörte nach, beobachtete das Lächeln des Alten und dabei wurde mir klar, dass er etwas Wichtiges gesagt hatte, das mir irgendwie entgangen war.

"Halt! Du hast gesagt – 'ich sehe' ... Was heißt das? Die *Welle* gab es doch schon im Februar, also vor fast einem Monat."

Der *Jäger* schüttelte den Kopf.

"Nein, Andrej. Im Februar ist sie nur entstanden. Als neue Energieform, die beim Übergang von einem *Zyklus* zum anderen auftritt. Aber sie ist nicht wieder verschwunden."

Ich schaute den Alten überrascht an.

"Sie ... ist bis heute noch hier?"

"Im Traum hast du die Geburt der *Welle* gesehen. Sie ist durch dich hindurch gegangen, wie sie anschließend auch durch jedes einzelne Wesen auf diesem Planeten hindurch gegangen ist. Aber sie ist nicht verschwunden, das war nur der Anfang."

Eine Weile saßen wir schweigend da, jeder mit seinen eigenen Gedanken im Kopf. Schließlich begann der Seher wieder zu sprechen.

"Diese *Welle* hat eine Reaktion ausgelöst. Sie hat Spannungsherde auf dem ganzen Planeten entzündet. Dort, wo es zu kritisch war, ist es eskaliert. Einige Stellen auf dem Planeten, wo sich das *Böse* schon lange angesammelt hatte und nach einem Ausweg gesucht hat, sind in Flammen aufgegangen. Die *Welle* hat dieses *Böse* befreit. Das ist aber nicht alles. Die *Welle* hat auf alle Lebewesen auf diesem Planeten einen Einfluss ausgeübt. Sie übt bis heute Einfluss aus. Sie ist über den gesamten Planeten gezogen und hat sich zu einer zweiten Runde aufgemacht, dann zu noch einer und noch einer ... Sie kann nicht gestoppt werden. Die *Welle* ist wie ein mächtiger *Säuberer*, der alle Informationen des alten *Zyklus* löscht, um den Planeten auf den *neuen Zyklus* vorzubereiten."

Ich versuchte, in mich hineinzuhorchen.

"Aber warum habe ich sie dann später nicht mehr gesehen?"

Der Seher lachte.

"Dein Verstand war zu beschäftigt damit, die von der *Welle* hervorgerufenen Folgen in der Welt zu beobachten. Du hast sie natürlich viele Male gespürt. Jedes Mal hat es sich in einer anderen Form geäußert: in Form von einem Schwindelgefühl, von Schwäche, Gereiztheit, Übelkeit oder Schläfrigkeit. Dein Verstand hat diese Anzeichen aber immer auf Wetterfühligkeit, Müdigkeit oder sonst etwas geschoben."

Ich wischte meine verschwitzten Handflächen an der Hose ab.

"Ja, ich erinnere mich an Tage, an denen ich einfach nur dalag. Ich hielt es aber für eine Reaktion auf das Erdbeben. Während eines starken Erdbebens im Altai vor dreizehn Jahren hatte ich sehr ähnliche Empfindungen."

Der Seher zuckte mit den Schultern.

"Ich denke, du hast dich nicht geirrt. Dein Körper hat tatsächlich eine Erschütterung gespürt, es war aber kein Erdbeben, es war die Umgebung selbst. Für empfindsame Menschen sind das schwierige Zeiten."

Der Seher schloss die Augen, als würde er irgendwelchen Geräuschen lauschen. Intuitiv verstand ich, dass er in die *Lichtschatten* schaute - so nennen die *Jäger* die Welt der feinstofflichen Energie.

"Danilytsch, kannst du sie in diesem Moment sehen?"

Der *Jäger* öffnete die Augen, stand auf und lief zum Ofen.

"Nein. Sie wird aber bald hier sein."

"Wie schnell kann sie den Planeten umrunden?"

Der Alte öffnete die Ofenklappe, musste wegen der heißen Luft blinzeln und warf ein paar Holzscheite in den Ofen.

"Momentan nimmt sie noch Geschwindigkeit auf. Wie viel Kraft und Schnelligkeit sie gewinnt, ist davon abhängig, was die Leute ihr geben."

"Sie ... nimmt den Leuten etwas weg?"

"Ja, sie ist ein *Säuberer*, sie zieht all das aus den Leuten heraus, was in ihrem Unterbewusstsein verborgen war. Das ist auch der Grund, weshalb du den Eindruck hast, dass sich die Leute verändern. In Wahrheit aber kommt allmählich nur das aus ihnen heraus, was sie ihr Leben lang sorgfältig versteckt hielten. Die *Welle* zieht den Menschen ihre Masken ab, so kehren sie zurück zu der Form ihres wahren Wesens. Diejenigen, in denen es zu viel Dunkel gab, beginnen, ihre abscheulichsten Qualitäten zu zeigen, ganz gleich wie viele Gesichter sie zuvor vor den Leuten versteckt hielten."

Für einen Moment lang tauchten vor meinem inneren Auge ein paar Zeilen aus der japanischen Legende über die Dämonen auf, die ich vor langer Zeit gelesen hatte. Über die Dämonen, die einmal in hundert Jahren auf den Flügeln des nächtlichen Windes, welcher vom Hurrikan Kanimuri geweckt worden war, zu den Menschen flogen. Danilytsch schürte die Glut mit dem Ofenhaken.

"Der Großteil unserer heutigen Zivilisation ist verdorben, deshalb scheint es so, als würden alle um uns herum verrückt werden. Was eigentlich passiert, ist, dass alles Oberflächliche abfällt und das faulige Wesen freigelegt wird."

Der Seher erstarrte und blickte in den flackernden Herd.

"Die Leute-Zivilisation ist an einem bestimmten Punkt angelangt. Sie braucht eine große Reinigung. Es kann sein, dass das in Form eines großen Krieges geschehen wird, es kann aber auch etwas anderes sein. Ich weiß nur eines sicher: Nur diejenigen, die es schaffen, ihr *menschliches* Wesen in sich zu erwecken, werden in den neuen *Zyklus* eintreten."

"Warum?"

Der Seher wandte sich mir zu.

"Weil die *Mangen* nicht genügend *Kraft* haben, um dem Druck der *Welle* standzuhalten."

Der *Jäger* kehrte zu seinem Sessel zurück, setzte sich und ergriff seine Tasse mit der bereits kalt gewordenen Kräutermischung.

"In den Leuten hat sich so viel dunkle Energie angesammelt, dass die Sache mit nur einer *Welle* nicht getan ist. Sie nimmt im Moment lediglich Geschwindigkeit auf, aber ich bin mir sicher, dass mit der Zeit noch eine zweite *Welle* entstehen wird, dann eine dritte. Sie werden den Planeten so lange reinigen, bis die Leute sich so sehr verändert haben, dass sie sich dem Einfluss der *Wellen* entziehen und eine neue *Welle* anderer Art erschaffen können - eine *helle*, schöpferische, die die *Dunkelheit* ausgleicht und die Schritt für Schritt den reinigenden Tsunami beruhigen wird. Doch um das zu erreichen, müssen die Leute wieder zu *Menschen* werden."

Der *Jäger* griff nach dem Heft, das auf dem Tisch in der Nähe lag. Darin malte er ab und zu Skizzen und Bilder für mich, um die Dinge verständlicher zu machen.

"Hier, schau. So ist der *Mensch* aufgebaut. Das hier ist sein *Kraftkern*. Der *Mensch* steht in direktem Kontakt mit allem, was ihn umgibt. Von dort schöpft er *Kraft*. Das Wichtigste ist aber, dass der *Mensch* einen lebendigen Austausch mit dem *Höchsten Geist* spürt, das macht seine *Kraft* unerschöpflich."

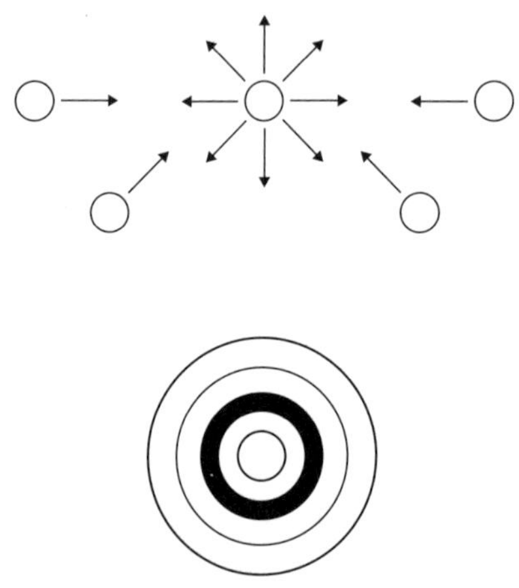

"Und so ist ein *Mang* aufgebaut. Aufgrund seiner Verzerrung ist er in ein Netz von *Verkrümmungen* gehüllt, das ihn von der angrenzenden Welt abschneidet. Ein *Mang* ist immer hungrig. Er hat so gut wie keine *Kraft*, denn sie wird vollständig dazu aufgewendet, seine unsichtbaren Besitzer, die *Mangysen*, zu ernähren. Der *Kraftkern* eines *Mangen* ist wie gelähmt, da er von einem Kokon aus dunkler Energie, den wir *schwarze Echse* nennen, umgeben ist. Der Kokon ist quasi eine Mangys-Larve, die den Leuten ihre Lebensenergie aussaugt."

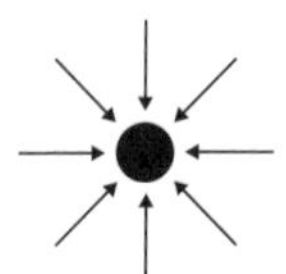

“Und so sieht ein *Mangys* aus. Er ist ein Vampir, ein hungriger Toter, der einen ständigen, krankhaften Hunger verspürt. Er ist in der Tat wie ein schwarzes Loch, dass alles um sich herum einsaugt. Wir können ihn als den *großen Konsumenten* bezeichnen. Deshalb ist die Philosophie, die sie den *Mangen* auferlegen, im Grunde eine Philosophie des Konsums in all seinen Ausprägungen.”

“Die *Welle* entfernt alles, was nicht lebensfähig ist. Sie schafft die Grundlage dafür, dass die Welt aus dem jetzigen Zustand in den nächsten *übergehen* kann. Der *Mensch* kann mit der Berührung der *Welle* fertigwerden, da er *Kraft* hat. Er kann Verbindungen eingehen und die *Kraft* einzelner Menschen zu einer gemeinsamen *Macht* vereinen. Der Lebensstrategie der *Mangen* liegt das Prinzip des Einzelgängers zugrunde, ‘jeder für sich selbst’, denn sie haben keine *Kraft* und können keine Bündnisse schließen. Jede Berührung mit der *Welle* wird den *Mangen* deshalb schwer zusetzen, denn jedes Mal wird sie eine weitere Schicht der *Verkrümmungen* entfernen, an welche sich die Leute so gewöhnt haben. In den meisten Fällen wird es darin enden, dass Menschen massenhaft aus dieser Welt scheiden werden. Ich glaube, du bezeichnest das als ‘dunkle Codes’? Nur diejenigen, die sich an dieser Welt festklammern können, werden eine ‘*Entkrümmung*’ erleben. Ohne die richtige Philosophie oder Religion wird dies einerseits dazu führen, dass die Leute ohne ihre *Verkrümmungen* ganz allein ihre dunkle Seite - die *schwarze Echse* - konfrontieren müssen. Viele von ihnen werden sich dann rasend schnell in einen *Mangysen* verwandeln. Leider wird das vor allem diejenigen betreffen, die sich mit verschiedenen esoterischen und spirituellen Praktiken beschäftigen.”

“Warum ist das so?”

“Die Wahrnehmung von diesen Leuten ist geschärft, weshalb sie die Berührung mit der *Welle* intensiver erleben werden. Außerdem sind ihre *Verkrümmungen* nicht so stark ausgeprägt wie bei den Durchschnittsbürgern. Sie werden folglich zu den Ersten gehören, die die durchdringenden Auswirkungen der *Welle* zu spüren bekommen. Wenn ihrer Philosophie irgendwelche Verzerrungen zugrunde lagen, werden diese von der *Welle* noch verstärkt. Ich sage dir, die *Welle* ist kein spirituelles Spielchen, sie prüft wirklich alle gewählten Lebensprinzipien auf ihre Richtigkeit."

Plötzlich hatte ich das Bild von Artschudaj vor Augen, der auf einmal nicht wiederzuerkennen war. Jetzt fügte sich alles zusammen. Obwohl mir noch immer nicht klar war, weshalb seine Seele so schwarz geworden war, verstand ich jetzt immerhin seine radikale Veränderung.

Danilytsch beobachtete mich und gab mir Zeit, meine inneren Vorgänge zu verarbeiten. Als er sah, dass ich auf weiterführende Erklärungen wartete, fing er wieder an zu sprechen:

"Andererseits gibt das Entfernen der *Verkrümmungen* den Leuten eine einzigartige Chance. Die *Welle* kann für sie das tun, was ihnen selbst zuvor sehr schwergefallen wäre. Die *Verkrümmungen* sind fest im Bewusstsein der *Mangen* verankert, sie mithilfe von Übungen loszuwerden, ist keine einfache Aufgabe. Die *Welle* aber ist dazu in der Lage. Jedoch nur unter der Voraussetzung, dass die Leute ihren Einfluss dazu nutzen, sich in Richtung der *Menschen* zu bewegen. Und dafür ist es unbedingt notwendig, dass sie mit der *Loslösung*, der *Metanoia*, der *Reue*, der *Reinigung* beginnen und sich von den Prinzipien der *Mangysen* abwenden. Unter diesen Umständen wird die *Welle* für sie zu einem Helfer. Verstehst du? Früher oder später wird sie die *schwarze Echse* von ihnen nehmen und ihr glänzendes Wesen - den *menschlichen Kraftkern* - enthüllen. Die *Jäger* freuen sich darüber, dass diese Zeit gekommen ist, denn die *dunkle Welle* leistet eine großartige Arbeit für sie. Wir laufen nicht vor der *Welle* davon. Ganz im Gegenteil, wir wenden uns ihr zu und gehen ihr entgegen."

Danilytsch legte den Stift auf das Heft, stand auf, ging durch den Raum und lockerte seine Gelenke.

“Wir nennen sie den *schwarzen Wolf.* Und wir heißen seine reinigende Kraft willkommen.”

Plötzlich spürte ich etwas. Eine Art leichtes inneres Zittern. Ich schaute den Seher an, der in der Mitte des Zimmers stand, lächelte und mich anblickte. Da verstand ich. Ich sprang vom Sessel auf und ging auf den *Jäger* zu.

“Ist sie schon in der Nähe?”

Er nickte.

“Versuch einmal, sie zu sehen. Nicht mit den Augen, nein. Versuch, sie mit dem ganzen Körper zu sehen.”

Ich schloss die Augen und ließ meine Gefühle los, ich erlaubte ihnen, sich im Außen zu entfalten. Das Zittern wurde etwas stärker. Mir wurde schwindelig, es war wie ein plötzlicher Druckanstieg. Und da spürte ich sie. Meine Fantasie zeichnete eine riesige dunkle Wand, genau wie in meinem Traum in der Taiga. Die Wand war ganz nah und kam geradewegs auf uns zu. Der Seher trat näher an mich heran, umarmte mich und flüsterte mir ins Ohr:

“Fürchte dich vor nichts. Wenn es keine Angst in dir gibt, wird die *Welle* nur das mitnehmen, was du nicht brauchst. Gib es ihr ohne Bedauern.”

Er klopfte mir ermutigend auf die Schulter und drückte mich unterstützend an sich. Ich zog die Luft tief in meine Lungen, schloss fest die Augen, ging auf die einbrechende Dunkelheit zu und stellte mich dem riesigen unsichtbaren Tsunami.

Training

EINZELGÄNGER

(Moskau, Frühling 2015)

"Alles ist schon so beschissen, dass es nicht noch schlimmer werden kann. Folglich kann es nur besser werden ..."[12]

Max Frei

"Andrej, wenn Sie uns von der *dunklen Welle* erzählen, sprechen Sie von Ihrer persönlichen Erfahrung, richtig? Diese kann doch aber äußerst subjektiv sein."

"Zweifellos. Ich empfehle Ihnen allen übrigens, davon auszugehen, dass die *Welle* gar nicht existiert. Wie ich schon sagte, die Geschichte mit der *Welle* ist nur mein *Traum*, weiter nichts. Wir sollten uns lieber auf das konzentrieren, was wir mit unseren gewöhnlichen Augen sehen können."

"Nun, darüber haben wir ja gerade gesprochen, und wir sind zu dem Schluss gekommen, dass es keine wirksamen Methoden

---

12) Eigene Übersetzung, Anm. d. Übers.

zur Überwindung der *globalen Krise* gibt. Andernfalls hätten sie schon Wirkung gezeigt."

"Ganz richtig. Denn die *Krise* ist in ihrer Natur viel komplexer, als es das Gehirn der Leute erfassen könnte. Aus diesem Grund muss aus meiner Sicht der Ausweg aus der *Krise* im Bereich des Abstrakten gesucht werden. Ich persönlich finde, dass die Theorie der *Jäger* über die verzerrte Natur des Menschen vieles klarstellt, darüber hinaus bietet sie außerdem einen praktischen Ausweg. Möglicherweise sind Sie gerade deshalb zu diesem Training gekommen, um eine der möglichen Erklärungen für das, was mit uns geschieht, zu hören. Ja, diese Erklärung kann sehr subjektiv sein, aber gerade deshalb stelle ich Ihnen meine Version vor, damit wir sie gemeinsam analysieren können."

Ich lief zum Fenster und öffnete es. Sofort strömte frische Luft in den stickigen Raum und breitete sich am Boden entlang aus.

"Das Hauptproblem in der Welt der *Mangen* ist ihre Isoliertheit. Sie sind isoliert voneinander, von der Welt um sie herum, von *Hütern* und *Verbündeten*, vom *Höchsten Geist*. Wir haben nur das Gefühl, miteinander verbunden zu sein. Tatsächlich aber befinden wir uns in einem Kokon, der unsere persönliche 'Entfremdungszone' ist. Das betrifft alle Bereiche unseres Lebens: den physischen, den psychologischen, den energetischen. Auch wenn es von außen betrachtet einen ganz anderen Eindruck machen kann: Wir können eine Familie haben, Freunde, Gleichgesinnte, wenn wir aber tiefer gehen, so wird uns klar, dass wir eigentlich Einzelgänger sind. Während einer *globalen Krise* wird das Überleben als Einzelgänger sehr schwierig. Für diejenigen, die an die Welle glauben: Allein kann ein Mensch dem Druck neuer Energien nicht standhalten. Für diejenigen, die an das Materielle glauben: Die *Krise* wird die Einzelgänger schon auf rein psychologischer Ebene zerstören. Vor einem Jahr ist die Zeit der Einzelgänger zu einem Ende gekommen. Die Leute, die sich zuvor hauptsächlich aus dem Grund zu Gruppen zusammengeschlossen haben, um

Geld zu verdienen, merken jetzt, dass sie so nicht lebensfähig sind. Um in diesen schwierigen Zeiten zu überleben, braucht es eine *tiefere Zusammenarbeit*, von der die *Mangen* aufgrund ihres verzerrten Geistes schlichtweg keine Ahnung haben."

"Andrej", der bärtige Mann in der ersten Reihe hob die Hand, "was ist mit der bekannten Wendung: 'Heilige Löwen jagen allein'?"

Ich lächelte.

"Prima, das ist in der Tat sehr beispielhaft. Wir halten uns nicht einfach nur für 'Löwen', sondern gar für 'heilige Löwen' ..."

Der Mann lachte.

"Nun ja, wir sollten etwas bescheidener sein."

Ich hob beide Hände und ermahnte die Gruppe, jetzt sehr aufmerksam zu sein.

"Es ist äußerst wichtig, dass wir uns eine Sache gut einprägen. Das Konzept der Einzelgänger, die Philosophie der 'Heiligen Löwen', ist das, was nicht nur zu unserer baldigen Auslöschung führen kann, es kann auch, und das ist das Schrecklichste, unser Wesen grundlegend verändern. Damit das *Neue* geschaffen werden kann, muss die Natur das *Alte* auslöschen, die Matrix der alten Ära ausradieren. Zusammen mit ihrer Bevölkerung. Um die *Welle* zu überstehen, müssen wir deshalb aufhören, *Mangen* zu sein. Wir müssen dieses Konzept in unseren Köpfen loslassen. Wir müssen dieses Programm, das uns bis zur Unkenntlichkeit verändert hat, löschen, bevor die *zerstörende Welle* es zusammen mit uns auslöscht. Denn wenn die *Welle* alle Prozesse intensiviert, so stärkt sie in den Dämonen die dunkle Seite und in den *Menschen* die helle. Für die Leute ist die *Welle* gefährlich, weil in ihnen ein großer Teil der Ideologie der *Mangysen* und ihrer dunklen Energie verborgen liegt. Aus diesem Grund wird diese Zeit für die Leute eine sehr schwere werden, der Fremde in ihnen wird sterben. Wenn die *Loslösung* von ihm nicht stattfindet, dann wird der Mensch mit ihm sterben. In diesem Zusammenhang muss uns eines ganz klar sein: Diese *Krise* ist keine Krise der *Menschheit*. Es ist eine Krise der *Mangen* und *Mangysen*. Es ist das Ende der *Ära der dunklen Energie*. Die wichtigste Eigenschaft der *Menschen* ist ihre Fähigkeit, ihre *Kraftkerne* zu vereinen. Die *Mangen* sind verloren. Es ist wichtig, dass wir es rechtzeitig schaffen, uns loszulösen, die dunkle Last abzuwerfen, die uns auf den Grund des Ozeans zieht. Wir müssen uns rechtzeitig verändern. Um sich verändern zu können, muss man allerdings wissen, wie. Es gibt nicht allzu viele Beispiele, an welchen wir uns orientieren können, deshalb haben die *Jäger* entschieden, den direktesten und kürzesten Weg zu gehen, indem sie sich an den menschlichen Erscheinungsformen des *Höchsten Geistes* orientierten, der sich in zahlreichen Projektionen offenbart. Die *Jäger* nennen solche Projektionen AKAN ..."

Zweiter Teil

AKAN
DIE BERÜHRUNG
DER EWIGKEIT

VEREINFACHUNG

"Dein Wille geschehe ..."

Gebet

Der Seher malte einen zweiten Punkt in sein Notizbuch,

"Das ist der *zweite Ring der Kraft*. Wir nennen ihn AKAN – 'ERHELLUNG'. Es bezeichnet das Erwachen der *Lebensenergie*, die Berührung mit dem *Höchsten Geist*. Wenn man sich für diese Berührung öffnet, kann man sich für einen Moment lang wieder als *Mensch* fühlen."

"Warum nur für einen Moment?"

"Weil alles Weitere von dir allein abhängen wird. Lässt du den Funken zu einem gleichmäßigen und mächtigen Feuer aufflammen, oder lässt du ihn gleich am Anfang erlöschen? Für einen Augenblick lang aber macht das AKAN *dich* zu deinem früheren Selbst, zu dem Menschen, der du warst, bevor du dich in einen *Mang* verwandelt hast."

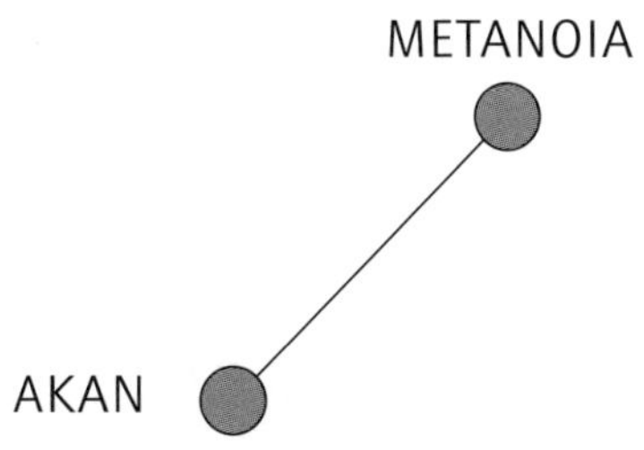

Wiederaufbau

DER JÄGER

(Ukraine, August 1943)

"Der Krieg ist nicht bloß Sterben,
er ist auch eine Art Leben.
Wenn du im Krieg nichts findest,
wofür du lebst, wird man dich töten."[13]

Aus dem Film "Red Sniper – Die Todesschützin"

Dichter Nebel stieg auf, breitete sich auf der Oberfläche des Dnjepr aus, verschmolz mit den Konturen des Ufers, zeichnete seine Umrisse nach. Eine ungewöhnliche Stille hing in der Luft, wie ein Vorbote für etwas Schreckliches, das mit dem Nebel kommen würde. Die Soldaten saßen in den Schützengräben und blickten angespannt in den milchigen Schleier der Morgenkälte. Sie alle konnten spüren, dass schon bald der Artilleriebeschuss aufheulen, hunderte heiße Feuerblitze die Erde in die

13) *Quelle: deutsche Synchronisation des Films*

Luft sprengen würden, dass glühendes Metall und scharfe Splitter ringsherum ausgesät werden würden. Laut der Ausspähung haben die Faschisten am Fluss einen riesigen Sperrkordon errichtet. Der Befehl, die Position um jeden Preis zu halten, besiegelte quasi ihr Schicksal. Ein markanter Todesgeruch hing in der Luft. Tief sogen die Soldaten diesen beißenden Geruch ein und genossen die letzten Stunden, vielleicht die letzten Minuten in dieser Welt. In solchen Momenten nahm alles um einen herum eine besondere Klarheit an: Gerüche, Geschmack, Gedanken, Gefühle. Der Seher kroch zum Boden des Grabens und schloss die Augen. Zwar hatte er seinen Tod für heute nicht vorhergesehen, trotzdem beschwor die allgemeine Stimmung Bilder aus einem vergangenen, wenn auch nicht weit zurückliegenden Leben herauf: friedliche Gässchen, ein klarer Himmel, die Nähe seines Sohnes und dessen tiefer, klarer Blick. Der Seher lächelte. Er wusste, wie wichtig es war, die eigenen Werte im Innern am Leben zu erhalten. Es gab einem das Gefühl, nach *Hause* zurückzukehren, während man nach wie vor im schmutzigen, nassen Graben saß. Er fürchtete den Tod nicht. Er wusste, dass ihm nichts Schlimmes passieren konnte, solange seine Familie und seine Erinnerungen in ihm lebten. Sogar dann, wenn dieser Körper tot sein würde.

"Hey, Bruder", ertönte eine heisere Stimme ganz nah an seinem Ohr. Der Soldat öffnete die Augen. Neben ihm lehnte, sich auf die kalte Grabenwand stützend, sein Regimentskamerad Jura, der den Spitznamen "Grauer" trug. Mit seinen 25 Jahren hatte dieser Kerl bereits vollkommen weißes Haar, es war wie ein ausgeblichenes Grau.

Der Seher nickte ihm zu. Nervös sog Jura die Morgenluft ein.

"Was meinst du, ist heute Schluss, ist das das Ende?"

Der Seher zuckte mit den Schultern.

"Das weiß niemand, wir werden sehen."

Jura kniff die Augen zusammen.

"Hm, du sitzt hier einfach nur so ruhig da und lächelst."

"Ich lächle, Jura, weil ich weiß, dass sowieso alles gut sein wird."

"Selbst wenn ... na ja ... es das Aus ist?", der Graue rollte die Augen nach oben und ließ den Kopf zur Seite fallen wie ein Gehängter.

"Selbst dann ..."

"Wie kannst du dir so sicher sein? Bist du ein Gläubiger?"

Der Seher schloss erneut die Augen. Er konnte wieder seinen Sohn vor sich stehen sehen, der ihn mit seinem sanften, bezaubernden Lächeln anstrahlte.

"Ich bin ein Wissender, Jura. Hab keine Angst. Das Leben macht nicht aus, ob dein Körper atmet oder nicht, ob dein Herz schlägt oder verstummt ist. Das Leben ist *tiefer*. Wenn das Leben mit Liebe erfüllt ist, wird ihm nichts geschehen."

Der Graue schnaubte.

"Das sind nur Worte, mein Bruder. Der Körper stirbt und weiter wird da nichts sein."

Der Seher antwortete nicht. Er sah seinen Sohn an, bestaunte ihn, rief sich alle Einzelheiten in Erinnerung, so als würde davon sein Leben abhängen.

"Ach, ich spüre es, man wird uns heute hier zermahlen, wie Weizen auf den Mühlsteinen", die entfernte Stimme seines Kameraden drang zum Seher vor. Er runzelte die Stirn. Für einen kurzen Moment sah er vor seinem inneren Auge dunkle Gewitterwolken aufblitzen, die die strahlende Sonne in seinem inneren Zufluchtsort verdeckten. Sein Sohn drehte sich ängstlich um, als ob er etwas gespürt hätte. Es war, als tauchte der Wind in Form einer massiven Mauer von irgendwo hinter dem Horizont auf. Ein entferntes Grollen war zu hören, das wehmütige Pfeifen einer Granate. Gleich darauf erzitterte die Erde.

"Es hat angefangen, Bruder!"

Der Seher lächelte seinen Sohn zum Abschied an und winkte ihm beruhigend zu:

“Hab keine Angst, es wird sowieso alles gut werden.”

Er öffnete die Augen, rückte seinen Helm zurecht und flüsterte ein Gebet.

Es war ein besonderes Gebet der *Jäger.* Sogleich begann die Luft um ihn herum unsichtbare Bewegungen auszuführen, als hätten die Worte des Sehers mächtige *Kräfte* zum Leben erweckt, die die gesamte Umgebung veränderten und die das *Böse* in ihr auflösten. Es war, als hätte ein einziger kleiner Mensch das *Böse* herausgefordert, ohne Angst blickte er ihm direkt ins Gesicht.

Training

"ENERHOM"

(Moskau, Frühling 2015)

"Jeder Mensch verfügt über einen riesigen Vorrat an schöpferischer Kraft. Bei den meisten Menschen befindet er sich aber in einem Schlummerzustand, ist nicht erwacht. Unsere wichtigste Aufgabe ist es, diese Kräfte zu wecken."[14]

Anatolij Charlampiew

Nach dem Mittagessen herrschte beim Gespräch eine ganz andere Stimmung. Alle Teilnehmer hatten sich ein bisschen ausruhen können, hatten eine Kleinigkeit gegessen und waren jetzt bereit für eine neue Portion an Informationen. Ich bat alle in den Saal, schloss die Türen und kehrte an meinen Platz neben dem Flipchart zurück.

14) Eigene Übersetzung, Anm. d. Übers.

“Gut, über den ersten Schritt haben wir uns einigermaßen Klarheit verschafft. Jetzt ist es an der Zeit, über den zweiten *Ring der Kraft* zu sprechen, über den praktischen Teil der Veränderungen.”

Einer der Seminarteilnehmer hob die Hand. Ich nickte ihm zu, gab ihm zu verstehen, dass er seine Frage stellen sollte.

“Andrej, werden wir es schaffen, über alle *fünf Ringe der Kraft* zu sprechen? Die Hälfte des Seminars ist schon vorbei, und bisher haben wir nur den *ersten Ring* betrachtet - und auch den nur recht oberflächlich.”

Ich bedankte mich für die Frage, sie war notwendig gewesen. Und es war besonders gut, wenn sie von jemandem aus dem Saal gestellt wurde.

“Eine Besonderheit der ‘*fünf Ringe der Kraft*’ ist es”, lächelte ich, “dass der *erste Ring* der komplizierteste ist. Für gewöhnlich müssen wir für ihn die meiste Zeit aufwenden. Manchmal brauchen wir für die Erkenntnis dieses *Rings* das ganze Leben. Aber wenn ...”, ich machte eine bedeutungsvolle Pause, “dieser *Ring* aktiviert ist, so werden alle übrigen *Ringe* in einer ganz anderen zeitlichen Dynamik durchlaufen. Es gibt sogar Fälle, in denen Menschen den *ersten Ring* nur wenige Stunden oder gar Minuten vor dem Tod meistern. Aber diese Minuten sind ausreichend, um den gesamten *Zyklus* zu durchlaufen und durch die *Tore der Ewigkeit* zu gehen - so nennen die *Jäger* den *fünften Ring* des Systems.”

Ich sah die Teilnehmer eindringlich an.

“Wenn Sie sich von dem *Fremden* in Ihnen losgelöst haben, werden alle Prozesse in Ihnen in eine zeitlose Dimension übergehen. Darüber werden wir aber später sprechen. Machen Sie sich also keine Gedanken”, ich nickte dem Mann, der die Frage gestellt hatte, aufmunternd zu, “wir werden alles schaffen. Was ich Ihnen als Nächstes erzählen werde, wird allerdings etwas ungewöhnlich für unsere Wahrnehmung sein.”

Ich zeichnete einen zweiten Punkt auf das Blatt, den ich mit dem Wort “AKAN” beschriftete.

“Nachdem Sie die *Metanoia* durchlaufen haben, werden Sie beginnen *zurückzukehren*: zurück zu Ihrem ursprünglichen *menschlichen* Zustand, den sie hatten, bevor Sie in Ihrer Kindheit verzerrt worden sind. Ihr *Kraftkern* beginnt, sich zu reaktivieren. Doch ganz allein schafft er es oft nicht. Durch die vielen Jahre einer verzerrten Denkweise ist eine Art energetische Trägheit entstanden, die man nur schwer überwinden kann. Deshalb brauchen wir einen Anstoß.”

“Eine Art Arschtritt?”, sagte jemand im Saal und alle lachten.

“Nicht ganz. Das AKAN handelt nicht so offensichtlich. Es handelt so unterschwellig und schnell, dass unser Verstand es überhaupt nicht bemerkt. Das ist der Grund, weshalb der Einfluss von AKAN auf die Leute praktisch unbemerkt bleibt. Man könnte es also eher als ein Flüstern und nicht als Tritt bezeichnen. Obwohl unser schwerfälliger Verstand eigentlich einen Tritt bräuchte”, ich zuckte mit den Schultern, “so ist unsere *Beta-Teilpersönlichkeit* nun einmal. Aber selbst ein Anstoß zeigt oft nicht genügend Wirkung. Unser cleverer Verstand hat nämlich ein System erschaffen, das alle äußeren Impulse unterdrückt. Warum hat er das wohl gemacht?”

“Um den Stress zu bewältigen”, antwortete der Bärtige direkt.

“Richtig”, nickte ich, “wir sind von Wahrnehmungsfiltern überwuchert, die genau das zum Ziel haben: die Auswirkungen der äußeren Stressfaktoren zu mindern. Daher werden alle Erschütterungen, die es durch die Filter schaffen, ins Unterbewusstsein verdrängt. Die Tritte erzeugen also nur die Illusion von Katalysatoren für Veränderungen. Das AKAN-Prinzip funktioniert genau entgegengesetzt.”

Ich ging zum Flipchart und nahm einen neuen Marker.

“Ich habe dieses Prinzip an die moderne Wahrnehmung angepasst und es ‘ENERHOM’ genannt, das steht für ‘*energetische Homöopathie*’. Wer weiß, was die klassische Homöopathie ist?”

“Gleiches mit Gleichem behandeln”, war aus dem Saal zu hören.

Ich hob leicht die Schultern.

"Im Prinzip richtig, kann jemand es etwas genauer erklären?"

Die Frau, die eine Brille mit riesigem Rahmen trug, hob zaghaft die Hand. Ich hatte den Eindruck, dass sie sich im medizinischen Bereich gut auskannte.

"Wenn ich mich recht erinnere, hat Hahnemann empfohlen, Mittel einzunehmen, die einen ähnlichen Zustand hervorrufen wie die Krankheit, die geheilt werden soll. Durch die Vermehrung der Krankheitserreger steigert der Organismus seine Vitalität und stimuliert das Immunsystem."

"Dann stellt sich mir allerdings eine Frage: Warum aktiviert der Organismus seine Kräfte nicht schon vorher in vollem Ausmaß, wenn er doch schon einen Erreger in sich trägt?"

Die Frau zuckte mit den Schultern.

"Vielleicht gibt es irgendwelche Einschränkungen. Na ja, möglicherweise so ähnlich wie die, über die wir im Zusammenhang mit dem Tritt in den Hintern gesprochen haben."

Ich schnippte mit den Fingern.

"Ganz genau so ist es! Unser Organismus ist wie ein einzigartiges biochemisches Labor, das mit jedem Krankheitserreger fertig werden kann. Da unser Organismus aber nicht mehr richtig eingestellt ist, kann er nur einen Bruchteil seiner eigentlichen Möglichkeiten ausschöpfen. Dasselbe gilt auch für das 'dunkle Virus'. Genau dafür habe ich das 'ENERHOM'-Prinzip beschrieben, das auf dem alten Zauber der *fünf Ringe der Kraft* beruht. Mit seiner Hilfe soll das Virus neutralisiert werden."

"Ich werde nun kurz erklären, was das AKAN ist. Wie ich schon gesagt habe, ist die energetische Struktur unserer *Kraftkerne* verzerrt, da sie durch fremdartige Programme verändert worden ist. Diese Verzerrung findet unter dem Einfluss des 'dunklen Virus' statt, welches auf den feinstofflichen Ebenen wirkt. Niemand weiß genau, woher dieses Virus gekommen ist. Man kann nur Vermutungen anstellen. Eine *Jägerin* aus unserer *Gemeinschaft* hat mir ihre Hypothese erklärt, laut welcher das Leben auf der Erde früher einmal völlig anders ausgehen hat. Wahrscheinlich geht es um die Zeit, die als das 'goldene Zeitalter' bezeichnet wird. Unser Planet war damals von *Menschen* besiedelt. Damals gab es keine Morde, Lügen, Gewalt, Beleidigungen, keinen Neid, Ehebruch oder Verrat. Kein lebendiges Wesen hat andere lebendige Wesen gegessen. Alles auf der Welt existierte auf der Grundlage der feinstofflichen Wechselbeziehungen der *Kraftkerne*, auf diese Weise wurde ein *gemeinsamer Raum* zur Entwicklung geschaffen. Dann aber hat sich alles verändert. Es ist möglich, dass das Virus über einen Meteoriten hierher gelangt ist, es kann aber auch auf andere Weise geschehen sein. Auf jeden Fall war unser Planet einer globalen Epidemie ausgesetzt. Die *Jägerin* bezeichnet diese als 'horizontalen Transfer pathologischer Gene', ein umfassender Virusbefall, der zur Folge hatte, dass das Virus auf andere proteinhaltige Wesen übergesprungen ist. So begann der Untergang der Menschheit, der Untergang allen organischen Lebens auf dem Planeten. Das Virus hat Gene, Zellen und energetische Strukturen umprogrammiert und so die ursprüngliche Form des Menschen verzerrt und eine neue Form geschaffen, ein Raubtier, einen Parasiten. Diejenigen, in denen die *menschliche* Philosophie stark verankert war, die eine lebendige Verbindung zum *Höchsten Geist* hatten und eine starke Zugehörigkeit zur *Menschheit* spürten, konnten das Virus unterdrücken und seine Wirkung auf das Genom hemmen. Es gab aber auch diejenigen, die vom Virus vollständig verändert worden sind. Sie bildeten eine neue Art von Erdenbewohnern. Ich habe bereits über sie gesprochen, wir nennen sie die *Mangysen*. Der Großteil der Erdbevölkerung aber hat eine Mutation durchlaufen. Es entstand irgendetwas zwischen *Mensch* und *Mangys*. Der 'horizontale Genomtransfer' wurde zu einem 'vertikalen': Das Virus hat sich auf dem Planeten ausgebreitet, die Leute haben es untereinander weitergegeben und so entstanden ständig neue Virusstämme, neue

Verbindungen, Formen, die aus diesem dunklen System einen kontinuierlichen Kreislauf machten.

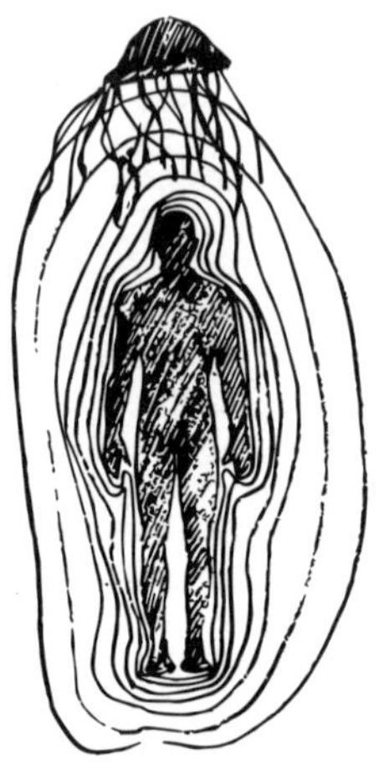

So wurde die Menschheit faktisch zugrunde gerichtet, sie ist in den Schatten verschwunden und hat auf der Erdoberfläche Wesen zurückgelassen, die ihr nur äußerlich ähneln. Neue Gesetze kamen auf, eine neue Kultur, ein neues Weltverständnis, das man jetzt üblicherweise für die 'Menschheitsgeschichte' hält. Doch fast alles, das die Leute im Laufe der uns bekannten Geschichte hervorgebracht haben, haben sie in einem kranken Zustand geschaffen. Aus diesem Grund ist unsere Geschichte mit den dunklen Farben von Kriegen und endlosen Konflikten besudelt. Es ist die Geschichte verzerrter Wesen, die leiden, aber nicht verstehen können, was mit ihnen geschieht. Die *Mangen* haben allerdings gegenüber den *Mangysen* einen bedeutenden Vorteil. Wenn die *Mangen* krank sind, heißt das, dass die *Mangysen* schon tot sind. Denn ihre *Kraftkerne* haben ihre Ureinstellungen komplett verändert, was sie de facto in Vampire, in Tote verwandelt hat. In den *Mangen* gibt es immer noch ein *menschliches* Kernstück, wenn auch recht verzerrt. Das heißt aber, dass sie geheilt werden können."

Ich machte eine kurze Pause und trank ein paar Schlucke kaltes Wasser aus meinem Glas, das ich auf dem Fensterbrett abgestellt hatte.

"Die *Jäger* haben festgestellt, dass um uns herum eine riesige Anzahl an Energiequellen existiert, die auf einer Frequenz schwingen, die mit der des *menschlichen Kraftkerns* in Resonanz steht. Das heißt, mit den Frequenzen, die einmal vom 'dunklen Virus' verfälscht worden sind. Diesen Frequenzen gaben die *Jäger* die Bezeichnung '*Lebenskraft*' oder lebendige Verbindung mit dem *Höchsten Geist*. Die Energiequellen erhielten den Namen 'AKAN' oder 'ERHELLUNG', was für den Ausweg aus der Dunkelheit, die die Welt der Leute umhüllt hat, steht. Die AKANE sind für einen *Mangen* quasi nicht existent, da er mit seinen Augen nur grobstoffliche physische Erscheinungen wahrnehmen kann. Deshalb haben die *Jäger* die Kunst der *Jagd* erschaffen, als ein Instrument, mit dessen Hilfe man die grobstofflichen materiellen Spuren verfolgen kann, die zu den AKANEN führen. Einfach ausgedrückt heißt das also, dass die *Jäger* Manifestationen des *Höchsten Geistes* aufspüren, in einer Welt, die von der verzerrten Sichtweise der *Mangen* geschaffen worden ist. Im Grunde genommen ist das der Brückenbau zwischen '*Alpha*' und '*Beta*'."

Ich setzte mich auf meinen Stuhl.

"Deshalb dauern viele spirituelle Suchen viel zu lange oder enden gar in einer Sackgasse. Die Leute suchen nach grobstofflichen Manifestationen in einer Welt, in der es per Definition keine Grobstofflichkeit gibt. Eine andere Realität kann der Verstand der *Mangen* aber nicht wahrnehmen. Aus diesem Grund bleibt die Magie des AKAN für die Leute oft unzugänglich. Und das, obwohl die *Jäger* behaupten, der *Höchste Geist* versuche in jedem einzelnen Augenblick, mit den Leuten in Kontakt zu treten."

Wir machten eine kurze Pause und dann ging es wieder weiter mit Theorie. Mir war bewusst, dass die Teilnehmer es schon nicht mehr abwarten konnten, sich etwas zu bewegen und sich von diesem anstrengenden Schwall an Informationen auszuruhen. All das hatte aber einen tieferen Sinn. Indem wir auf der "*Beta*"-Ebene kommunizierten, installierten wir neue Programme in unserem Verstand, wir schufen die Grundlage für neue Energien, wir veränderten alte Überzeugungen. Das war ein nicht sichtbarer, aber sehr wichtiger Teil der Arbeit. Natürlich nur dann, wenn sie in das System der *Fünf Schritte* eingebettet war. Ohne das System würden die Informationen wahrscheinlich einfach "weggeschwemmt", würden in den endlosen Schutzfiltern des Bewusstseins verloren gehen.

"Nun zu 'ENERHOM'. In der klassischen Homöopathie gilt das Prinzip der minimalen Dosis. Homöopathen verdünnen das Mittel bis auf eine unendlich geringe Konzentration, so lange bis noch nicht einmal mehr Moleküle der ursprünglichen Lösung übrig sind. Diese nur minimal aktiven Dosen wirken praktisch gerade an der Empfindungsgrenze von lebendigem Zellplasma. Es handelt sich in diesem Fall nicht um einen materiellen Träger, sondern um eine Information, eine Art 'holografischer Abdruck' der energetischen Strukturen des Stoffes. Dabei werden viele Hindernisse umgangen, die Wirkung entfaltet sich direkt im Epizentrum des Problems. Schließlich ist jede Krankheit vor allem ein Informationsfehler, ein Knoten, der eine Reaktion auf der Zellebene hervorruft und als Folge eine Vergiftung und das Ausscheiden von verzerrten Zerfallsprodukten mit sich bringt. Nach dem 'ENERHOM'-Konzept muss man dem Menschen die nötige Ursprungsinformation verabreichen, und so beginnt sich der Prozess umzukehren. Schauen Sie, es funktioniert so."

Ich malte eine Zelle.

"Was passiert, wenn die Zelle 'schläft', also nicht normal arbeitet?"

Ich schaute in den Saal und bekam sofort eine Antwort:

"Um sie herum beginnen krebsartige Klon-Zellen zu wachsen."

“Was muss folglich getan werden, um diesen Prozess zu stoppen?”

“Die Zellfunktionen müssen normalisiert werden.”

“Ganz genau. Ihre ursprünglichen Einstellungen müssen wiederhergestellt werden. So funktioniert das AKAN. Es übermittelt dem Menschen auf der subtilsten Ebene die Ursprungsinformation, die in ihm eine Art Selbstheilungsprozess auslöst. Nachdem die Zelle die Information erhalten hat, beginnt sie damit, Zerfallsprodukte aus sich herauszuholen. Wohin gelangen diese Produkte? In das Umfeld der Zelle, in die Lymphe, um diese Schadstoffe anschließend über Haut oder Schleimhäute nach außen abzusondern.”

Eine Frau in der zweiten Reihe hob die Hand.

“Andrej, und wie funktioniert hier dann das Ähnlichkeitsprinzip? Heißt das etwa, dass sich die Leute, um das ‘dunkle Virus’ loszuwerden, eine Mikrodosis des ‘dunklen Virus’ zuführen müssen?”

Ich nickte.

“Das ‘dunkle Virus’ will die Zellen transformieren, die die ursprüngliche Ausgangsenergetik aufweisen. Nachdem es in die Zelle gelangt ist, bildet es eine Art ‘dunklen Kokon’, der die Zelle nicht nur daran hindert, ihren Urzustand wiederherzustellen, er setzt auch ihre Mutation fort. Das AKAN zeigt seine Wirkung in noch tieferen Ebenen. Wenn die energetische Zellstruktur einen Impuls des AKAN bekommt, verstärkt der ‘dunkle Kokon’ seine Wirkung. Wir erleben dann eine Zuspitzung, die unter günstigen Umständen dazu führen kann, dass die fremdartige Energie gänzlich beseitigt wird.”

Dazu gab es direkt wieder eine Frage:

“Und was sind diese ‘günstigen Umstände’?”

Ich hob meinen Zeigefinger.

“Das ist ein ganz besonderes Thema! Gleich werden wir unbedingt darüber sprechen. Aber zunächst ist es mir wichtig, dass

Sie das Prinzip an sich verstehen. Um uns herum befinden sich endlos viele AKANE - *Kraftorte* auf der Erde, *Artefakte, Totemtiere, Menschen, Heilige* - sie alle geben uns ständig bedeutende Impulse. Wenn wir die *Absicht* äußern, uns durch die *Metanoia* von unserem früheren Zustand loszulösen, dann öffnen wir uns für das AKAN. Die Impulse arbeiten äußerst schnell und subtil, sie dringen bis zu unseren tiefsten Ebenen vor und erwecken unsere *Lebenskraft*. Und genau hier taucht die gefährlichste Falle für die Leute auf."

Ich machte erneut eine Pause und gab mit dem Blick zu verstehen, dass ich diesbezüglich gerne die Vorschläge der Teilnehmer hören würde.

"Wir bemerken die AKANE nicht."

"Das ist unwichtig. Unser Verstand muss die Aktivierung von 'ENERHOM' nicht bemerken, es funktioniert ganz von selbst."

"Unser gewöhnlicher Lebensstil ist das Problem. Soweit ich weiß, müssen während einer homöopathischen Behandlung eine Reihe von Einschränkungen befolgt werden."

Ich gab der Teilnehmerin ein "Daumen hoch"-Zeichen, um ihr meine Zustimmung zu zeigen.

"Unsere alten Gewohnheiten, ja, das ist eine der Fallen! Man kann die klassische Homöopathie ganz einfach mit einer ganzen Reihe von Substanzen wirkungslos machen: mit Alkohol, Kaffee, Minze, Schokolade ... Genauso ist es auch mit der energetischen Homöopathie. Der Prozess der Rückkehr erfordert eine schrittweise Transformation, wir müssen uns allmählich von früheren Irrtümern befreien. Wenn wir weiter nach der gewöhnlichen Philosophie der *Mangen* leben, wird der Funke des AKAN erlöschen, bevor er sich richtig entzünden konnte. Nur wenn bestimmte Voraussetzungen eingehalten werden, beginnt die LEBENSKRAFT, gleich einem Bächlein, nach Auswegen zu suchen und stellt ihre früheren Verkettungen und Verbindungen wieder her. Aus diesem Grund wenden wir so viel Zeit für die Theorie auf.

Wir schaffen neue Voraussetzungen, damit sich das AKAN entfalten kann.

Welche anderen Fallen gibt es noch, in die wir auf unserem Heilungsweg treten können?"

"Wir öffnen uns nicht vollständig für das AKAN."

Ich nickte zustimmend.

"Richtig, das hängt davon ab, wie aufrichtig unsere *Metanoia* ist. Wenn sie uns tatsächlich auf die andere Seite bringt, so folgt auf die *Reue* logischerweise *Vergebung*."

Ich schrieb neben den zweiten Punkt auf dem Flipchart das Wort "VERGEBUNG", genau neben "AKAN".

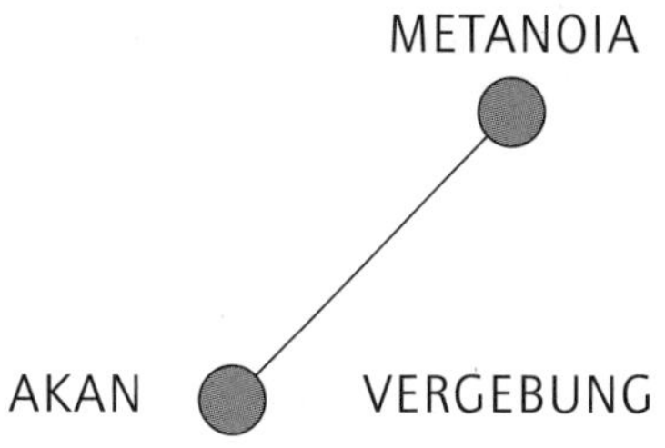

"Die Bedeutung von Vergebung kann unser Alltagsverstand nicht verstehen, weshalb dieser Begriff in Tempeln und Kirchen manchmal falsch interpretiert wird. Die *Jäger* glauben, dass wenn wir den *Höchsten Geist* aufrichtig um VERGEBUNG bitten, wir nicht von unseren Sünden erlöst werden oder einen Ablass erhalten, sondern dass wir einen gewissen VEREINFACHUNGS-Mechanismus auslösen. Das heißt, der *Höchste Geist* hilft uns dabei, das komplexe Filtersystem des logischen Verstands zu umgehen. Dann beginnt das AKAN zu wirken. Es handelt sich dabei aber eher um eine Vorbedingung, um sich dem AKAN zu öffnen. Und wo liegt die nächste Falle versteckt, wenn das AKAN uns bereits den *belebenden Impuls* gegeben hat?"

Die Teilnehmer waren ratlos. Ich lächelte.

"Darüber haben wir eigentlich schon gesprochen. Versuchen Sie, aufmerksamer zu sein. Denken Sie mit und warten Sie nicht darauf, alle Antworten vorgesagt zu bekommen."

Ich kehrte zur Zeichnung mit der Zelle zurück.

"ZUSPITZUNG. Das ist es, was die meisten Leute nicht aushalten können."

Ich schrieb das Wort auf und unterstrich es, als wollte ich es besonders hervorheben.

"Die Zuspitzung ist ein entscheidender Moment bei der homöopathischen Behandlung. Ohne sie sind die Entgiftungsprozesse unmöglich. Dasselbe ist charakteristisch für die *energetische Homöopathie*. Wie wird wohl jemand reagieren, der zum Homöopathen geht, ein winziges Kügelchen bekommt, das nichts außer Zucker und Informationen enthält, und später tauchen bei ihm überall akute Beschwerden auf?"

Die Teilnehmer lachten.

"Antibiotika ..."

"Ein Vorwurf gegen den Homöopathen: 'Ich bin gesund gekommen und krank gegangen - Sie sind an allem schuld'."

"Die Behandlung wird abgebrochen."

Ich erinnerte mich mit einem Lächeln an meine ersten Reaktionen, die ich hatte, als ich in die *Tradition* eingeweiht wurde. Es waren einige Jahre voller Zweifel und schwerwiegender physiologischer, psychologischer und sozialer Reaktionen.

"Vollkommen richtig! Dasselbe geschieht auch bei dem AKAN-Impuls. Entweder bekommen die Leute Angst und kehren zurück in ihre kleine gewohnte Welt des sozialen Konsums oder sie drehen der *Kraftquelle* den Rücken zu und verschließen sich vor ihr - oder sie versuchen, die Zuspitzung mit noch mächtigeren energetischen Praktiken zu unterdrücken. Darüber habe ich zu Beginn des Trainings gesprochen. Die Leute brauchen etwas sehr Effektives, das schnelle Resultate bringt. Eine schnelle Behandlung kann natürlich mit Antibiotika stattfinden. Eine Pille geschluckt, und alles ist 'weg'. Auf diese Weise wird die Effektivität verschiedener Behandlungsmethoden von unserem Verstand bewertet. Die Folgen können von unserem oberflächlichen Denken überhaupt nicht erfasst werden. Gleichzeitig wird bei einer Behandlung mit Antibiotika der gegenteilige Prozess wie bei der Homöopathie ausgelöst. Anstatt alles Überflüssige aus dem Organismus herauszuholen, geschieht das Gegenteil, das Problem wird tief in die Zelle verdrängt, wo es stärker wird und sich nach einer gewissen Zeit wieder zu Wort meldet. In diesem Fall muss die Konzentration erhöht und ein stärkeres Antibiotikum verwendet werden. Dasselbe geschieht in Bezug auf die Energetik. Anstatt der *Lebenskraft* zu erlauben, sich zu entfalten, bringen die Leute sie mit verschiedenen Praktiken in einen erschöpften Zustand."

Die skeptische Frau hob die Hand. Sie hatte schon eine Weile nichts mehr gesagt, die Teilnehmer in ihrer Nähe drehten sich interessiert zu ihr um.

"Andrej, aber es sind ja wohl nicht alle Praktiken so. Wenn ich dir zuhöre, habe ich den Eindruck, dass du die Philosophie der *Jäger* für die einzige Philosophie hältst, die Aufmerksamkeit verdient."

"Habe ich etwa über alle Praktiken gesprochen? Ich sagte 'oft' und 'verschiedene'. Sie versuchen gerade, etwas in sich zu beschützen, deshalb haben Sie den Eindruck, dass ich irgendwelche Werte, die für Sie wichtig sind, angreife. Aber das tue ich nicht. Es gibt hier nichts, worüber man streiten könnte. Eigentlich kann ich überhaupt nicht von allen Praktiken sprechen. Bestimmte Techniken machen Sie entweder stärker und freier - oder eben nicht. Und jeder muss für sich selbst entscheiden, welchen Weg er wählt. Ich behaupte nicht, dass meine Philosophie allgemeingültig ist. Darüber hinaus gibt es auch in der Welt der *Jäger* kein Allheilmittel, das ein Eintauchen in den fremdartigen Zustand verhindert. Vielleicht führt die Welt der *Jäger* sogar eine noch schärfere Zuspitzung herbei als viele andere Praktiken, die Ihnen bekannt sind. Alles hängt von dem Menschen selbst ab. Von seiner Entscheidung. Deshalb geht es eigentlich gar nicht um die Praktiken. Wichtig ist nur, wie der Mensch mit der *Zuspitzung* zurechtkommt."

Ein Gespräch

"DÄMMRIGES ÖDLAND"

(Barnaul, Juli 2014)

"Der Mann, der den Wind der Veränderung spürt, sollte keinen Windschutz, sondern eine Windmühle bauen."[15]

Mao Zedong

Wir saßen auf einer Bank im schattigen Park - Igor und ich, ein Freund und Gleichgesinnter. Wir arbeiteten seit einigen Jahren zusammen, und heute war endlich der Zeitpunkt gekommen, an dem wir dieses Gespräch führten. Ein unangenehmes Gespräch. Ich hatte es schon viele Male geführt. Nicht viele meiner Gefährten hatten es geschafft, diese Grenze zu überwinden. Ich wandte mich Igor zu. Er sah mir in die Augen, aber ich konnte in seinen nicht mehr dieselbe Zuneigung entdecken. Es war ein strenger Blick, als würde er mir etwas vorwerfen. Kurz

15) Quelle: https://www.zitate.eu/autor/mao-tse-tung-zitate/27958

hatte ich den Eindruck, dass ich dieselben Gefühle beim Treffen mit dem Kräutermeister Artschudaj gespürt hatte. Doch der Schamane wollte damals noch nicht einmal mit mir sprechen. So verhalten sich übrigens viele Menschen, die sich von jemandem abwenden. Igor machte das gut, er hatte in sich den Mut für dieses Treffen aufgebracht.

"Andrej, hast du nie darüber nachgedacht, warum so viele Leute aus deinem Freundeskreis verschwinden?"

Ich nickte.

"Natürlich habe ich das."

Igor schaute mich fragend an und wartete auf eine Antwort. Es war wichtig für ihn, sein Weggehen zu rechtfertigen, deshalb wollte er, dass ich ihm einen Anhaltspunkt gab.

"Igor, wir haben darüber doch schon gesprochen. Hast du das etwa vergessen?"

Wir hatten wirklich schon darüber gesprochen, und das nicht nur einmal. Normalerweise wurde jeder Gleichgesinnte, der die *Absicht* äußerte, an meiner Seite zu arbeiten, Zeuge davon, wie mindestens eine Person das Team verließ. Wir hatten uns darüber wieder und wieder unterhalten. Ich hatte ihnen erzählt, dass es zu einer unausweichlichen *Zuspitzung* kommen würde, sollten sie sich dazu entscheiden, ein bisschen tiefer zu gehen. Trotzdem hatte sich dasselbe Spiel wieder und wieder wiederholt. Die *Jäger* hatten mich vorgewarnt, dass es so sein würde. Es war aber nun mal eine Sache, etwas gesagt zu bekommen, und eine ganz andere, es tatsächlich durchzumachen. Ich schloss die Augen und sah, wie in meinem Inneren ein Bild auftauchte ...

Ein Lagerfeuer. Um mich herum die Silhouetten von Menschen in grünen Umhängen. Die *Jäger*. Einer von ihnen, Schorchit, gab mir ein Handzeichen. Ich ging zu ihm und stellte mich ihm gegenüber. Er sah mir direkt in die Augen. Seine ruhige Stimme war wie ohrenbetäubender Donner in meinem Kopf.

"Adutschi, wenn du in die Stadt zurückkehrst, wirst du dich einer sehr schwierigen Herausforderung stellen müssen. Sie heißt '*Dämmriges Ödland*'. Das bedeutet, dass die Kraft, die von dir ausgehen wird, ihr Spiel beginnen wird. Sie wird Leute anziehen und vertreiben. Du verwandelst dich in den *Kamkurt*. Du wirst beginnen, dein eigenes städtisches Rudel aufzubauen - ein Team der neuen Generation. Für diese Aufgabe wirst du Ausdauer und Durchhaltevermögen brauchen, denn viele von denen, die dir lieb sind, können zu völlig Fremden werden und sich von dir abwenden. Das ist nicht schlimm. Die Veränderungen werden aber auch dich selbst betreffen, du wirst dich auch verändern. Dir steht eine große *Jagd* bevor. Die *Jagd* nach deinem wahren Wesen. Die wichtigste und faszinierendste *Jagd*, die es gibt. Sei aber vorsichtig, denn bei dieser *Jagd* kannst du deine Seele verlieren. Die, die dir nahe stehen, werden dir helfen, doch die endgültige Entscheidung musst immer du selbst treffen. Merk dir, *Freiheit* und *Kraft* geben sehr viel, fordern aber auch viel von dir. Du musst die *schwarze Echse* in deiner Seele aufspüren und sie besiegen. Bist du bereit?"

Ich nickte zwar, doch mir war angst und bange. Ich begriff noch nicht, wovon der *Jäger* sprach, spürte aber, dass all das sehr wichtig war. Der *Jäger* sah mir in die Augen, als würde er meine Zweifel darin lesen. Dann beugte er sich nach unten und holte eine kleine Tasse aus dem Gras, in die er seinen Finger tauchte.

"Mach den Mund auf."

Widerwillig öffnete ich den Mund. Der *Jäger* brachte seine Hand nahe an mein Gesicht. Dann spürte ich, wie Schorchits rauer Finger etwas an mein Zahnfleisch rieb, und ich bemerkte den Geschmack von Blut in meinem Mund.

"Das ist Wolfsblut. Es verbindet dich mit der Taiga. Die Taiga hat dich verändert. Sie hat deine *Kraft* erweckt. Die wichtigen Veränderungen warten aber in der Stadt auf dich. Die *Kraft* zu behalten oder sie wieder zu verlieren - darum geht es bei deiner *Jagd*."

Ich öffnete die Augen und fuhr mit der Zunge über mein Zahnfleisch. Igor starrte mich immer noch an. Ich seufzte tief.

"Kannst du dich daran erinnern, Igor, als ich dir einmal gesagt habe, dass uns allen obligatorische Prüfungen bevorstehen? Jeder hat andere Prüfungen. Doch im Wesen sind sie gleich. Es sind Fallen. Fallen für die *schwarze Echse* in uns.

Als *schwarze Echse* bezeichneten die *Jäger* den dunklen Kokon, der den *Kraftkern* eines *Mangen* umgibt, die 'Entfremdungszone', die im Grunde aus dem *Menschen* einen *Fremden* macht.

"Ich habe oft erklärt, dass alle, die mit der Welt der *Jäger* in Berührung kommen, irgendwann zwangsläufig auf ihre *Echse* treffen werden. Es ist eine Folge der *Zuspitzung*, die Teil des Prozesses der Erweckung der *Kraft* ist. Du bist schließlich nicht der Einzige, mit dem ich darüber gesprochen habe. Die meisten aber glauben, dass es einfach nur eine schöne Metapher ist, dass es sie entweder nicht betreffen wird oder dass sie auf jeden Fall damit fertig werden. Das Aufeinandertreffen mit der *Echse* findet nicht auf irgendeine mystische, spektakuläre Weise statt, es passiert in gewöhnlichen Alltagssituationen. Das ist der Punkt, an dem sich die Leute verändern. Die Veränderungen finden auf ganz unterschiedliche Arten statt. Ihnen allen zugrunde liegt aber Eigennutz – eine der grundlegenden Eigenschaften eines *Mangen*."

Wir schauten uns nach wie vor in die Augen. Damit sich kein Missverständnis und keine Lüge einschleichen konnte.

"Wenn du wüsstest, wie viele Leute zu mir kamen, aber nicht das gefunden haben, was sie wollten, und deshalb wieder gingen, mit einem Gefühl von Missgunst und Rache. Was übrigens auch typische *Mangen*-Attribute sind. Wenn du wüsstest, wie viele Gerüchte anschließend über mich kursierten. Und dabei stammen die meisten dieser giftigen Gerüchte von denen, die mir einst sehr nahe standen. Es ist paradox – an einem Tag ist jemand ein aktiver Verbündeter und am nächsten ein unerbittlicher Feind. Wie kommt das?"

Igor hob die Schultern.

"Die Leute haben nicht das bekommen, was sie wollten. Das hat sie verärgert."

Ich schnippte mit den Fingern.

"Groll. Eigennutz. Das bedeutet, die Leute haben diesen Weg nicht betreten, um ihr wahres Wesen an die Oberfläche zu holen, sondern um sich ihre eigenen Wünsche zu erfüllen. Schließlich existiert *tief* drinnen kein Groll. Dieses Gefühl ist überhaupt nicht charakteristisch für die *Tiefe*, denn je *tiefer* ein Mensch in sein echtes Wesen eintaucht, desto weniger *Mang* bleibt in ihm zurück. Aus diesem Grund platzieren die *Jäger* Fallen um ihr Jagdgebiet herum. Sie lassen nur diejenigen eintreten, die ihre *Mangen*-Gewohnheiten ablegen können. Wenn das nicht geschieht, schließt sich die Welt der *Jäger* vor dem *Suchenden*."

Ich schaute meinem Gesprächspartner noch einmal tief in die Augen.

"Eine der Frauen will eine sexuelle Beziehung mit mir eingehen. Jemand anderes möchte sein Selbstwertgefühl stärken. Wieder ein anderer sucht nach einer Möglichkeit, Geld zu verdienen. Wünsche gibt es viele. Aber in der Welt der *Jäger* zählen andere Werte. Sie stehen nicht mit Wünschen in Zusammenhang, sondern mit der Erkenntnis einer *tiefen* Hingabe zur Welt der *Jäger*. Das ist das Einzige, was von Bedeutung ist."

Igor zuckte nervös, er wollte etwas sagen, hielt sich aber zurück und schwieg. Stattdessen sprach ich weiter.

"Sag mir einmal ehrlich, lieber Freund, weshalb bist du diesen Weg an meiner Seite gegangen?"

Mein Gegenüber dachte ein paar Minuten lang nach. Es fiel ihm schwer, es laut auszusprechen, doch ihm wurde klar, dass dieses Treffen vermutlich unser letztes sein würde, und so sagte er also:

"Ich bin nicht aus Eigennutz zu dir gekommen. Und ich hatte eine tiefe Hingabe. Ich bin zu dir gekommen, damit du mich weiterbringst, damit du mich zu den Tai-Shin, den *Jägern* führst."

Ich sah ihn aufmerksam an, damit mir nicht entging, was in ihm vorging.

"Aber Igor, schau doch mal selbst, genau das ist doch Eigennutz, er ist lediglich hinter guten Absichten versteckt. Denn die Abwesenheit von Eigennutz würde auch die Abwesenheit von äußeren Errungenschaften bedeuten. Wenn du mir wirklich nahegestanden hättest, hättest du verstanden, dass du dich schon längst inmitten der *Jäger* befunden hast. Dabei müssen sie nicht unbedingt vor dir erscheinen und dich in ihre Geheimnisse einweihen. Erinnerst du dich an das Gleichnis über das Shaolin-Kloster? Wenn *Suchende* am Kloster ankamen, so wurden sie für gewöhnlich nicht eingelassen und die Mönche machten sich über sie lustig und lachten sie aus. Nach ein paar Tagen verloren die *Suchenden* die Geduld, einer nach dem anderen ging wieder davon. Wenn vor den Toren nur noch zwei übrig waren und es so schien, als ob es keine Hoffnung mehr gab, erhob sich manchmal einer von ihnen und ging auch davon. Doch direkt hinter seinem Rücken öffneten sich die Tore und die Mönche ließen den eintreten, der geblieben war. Das war die Falle. Die Tore öffneten sich nur dann, wenn ein Mensch seinen Wunsch, hinter die Tore zu gelangen, losgelassen hatte und bereit war zu sterben, weil er spürte, dass seine Seele genau hier sein musste. Und schau, was mit unserer Beziehung geschehen ist. Vorgestern habe ich dir lediglich eine einfache Bitte ausgeschlagen. Und gestern hast du mir in einem wütenden Brief mitgeteilt, dass man mit Freunden so nicht umgeht. Ich würde dir nicht nur verwehren, in der Bewegung der *Jäger* mitzuwirken, sondern ich hätte auch in zwei Monaten nicht die Zeit gefunden, mich mit dir zu treffen. Weißt du ...", ich klopfte ihm mit der Hand auf die Schulter, "für Nahestehende gibt es weder Zeit noch Raum. Ihre *Kerne* befinden sich immer nah beieinander, ihre Herzen sind immer in Kontakt. Erwartungen, Groll und ähnlicher Unsinn sind nur Müll aus der Welt der *Mangen*."

Igor sah mich düster an. Ich konnte seinen Groll fast physisch spüren.

"Was glaubst du eigentlich, wer du bist, dass du den Leuten solche Prüfungen auferlegen kannst?"

"Das tue ich nicht. Schade, dass du das noch immer nicht verstanden hast. In dieser Sache habe ich überhaupt nie eine Rolle gespielt und werde es nicht. Trotzdem bin ich sicher, dass du es mir noch lange übelnehmen und vielleicht sogar hinter meinem Rücken über mich herziehen und mir schlimme Vorwürfe machen wirst. Aber irgendwann wirst du mich verstehen. Vielleicht werde ich dann erneut nicht in der Nähe sein. Vielleicht wird es erst in zehn Jahren oder mehr geschehen."

Ich stand auf. Igor blieb auf der Bank sitzen. Ich drehte mich zu ihm und streckte ihm die Hand entgegen.

"Mach's gut, mein Freund, vielleicht werden wir uns wiedersehen. Die Wege der *Kraft* sind unvorhersehbar. Begreif nur eines: Ich hätte dich nicht zu den *Jägern* führen können. Gar die *Jäger* selbst hätten dich nicht zu ihnen führen können. In der *Tiefe* gelten ganz andere Gesetze, die der oberflächlichen Wahrnehmung nicht zugänglich sind."

Igor gab mir zur Antwort seine Hand. Ich drückte sie kräftig.

"Merke dir noch eine Sache, die mir die *Jäger* gesagt haben. Groll und Eigennutz sind wie Rost, der alles Mögliche auffressen kann. Bleibe nicht in diesem Zustand stecken. Wenn sich dieser *Weg* nicht als der deine herausstellt, musst du keine Gründe dafür finden, ihn zu verlassen. Auch einen fremden *Weg* sollte man mit Würde verlassen. Und wer weiß schon, vielleicht werden sich irgendwann unsere Pfade auf dieser Welt wieder kreuzen. Auf alle Fälle sei gewiss, dass ich dir dankbar bin für alles und dass ich dich *liebe, lebendige Seele.*"

Ich ging die Parkallee entlang und spürte, wie Igor mir nachblickte. Ich konnte fühlen, wie in ihm zwei verschiedene Welten kämpften, von denen er eine wählen musste. In Gedanken wünschte ich ihm viel Erfolg bei dieser schwierigen *Jagd* ...

Training

"DIE PERLEN DER ZAUBERER"

(Moskau, Frühling 2015)

"Jeder graue Wolf hat ein Interesse. Den einen reizen die Körper der schönen Wanderinnen, den anderen das Gebäck in ihren Körbchen. Manch einer braucht einfach nur einen guten Gefährten, der ihn aus dem Dickicht heraus zu den Leuten führt, man kann nie wissen."[16]

Max Frei

Die skeptische Frau schaute in ihre Notizen und tat so, als sei sie mit meinen Kommentaren unzufrieden, was ihr aber schon nichts mehr auszumachen schien. Ich fuhr fort:

"Erinnern Sie sich, dass ich zu Beginn des Trainings gesagt habe, dass sich die Trainingskultur bald stark verändern wird? Das wird damit zusammenhängen, dass die *Suchenden*, die am

---

16) Eigene Übersetzung, Anm. d. Übers.

weitesten fortgeschritten sind und die normalerweise die Seminare leiten, die Ersten sein werden, die sich verändern - die sich mit am stärksten verändern. Das hängt mit den *Zuspitzungen* aufgrund der *energetischen Homöopathie* zusammen, die wir bereits besprochen haben. Schon jetzt sind diese Prozesse im Gange. Die *dunkle Welle* wird die *Verkrümmungen* von den Leuten nehmen und das freilegen, was sich darunter befindet. Wenn das geschieht, werden diejenigen, die sich auf eine spirituelle Suche begeben haben, unweigerlich einen Impuls von den AKANEN bekommen. Ob sie die *Zuspitzung* ihrer dunklen Seite aushalten können oder nicht, wird von der Qualität ihrer Philosophie abhängig sein. Viele 'Gurus' leiten die Leute in eine konkrete Dunkelheit, sind von Eigennutz besessen oder sind vollkommen verwirrt und kommen von ihrem Weg ab. Doch es wird auch viele geben, die unter den schwierigen Bedingungen des neuen *Zyklus* neue Orientierungspunkte setzen und neue Horizonte eröffnen können."

"Andrej, was werden Sie im neuen *Zyklus* machen?", fragte die Skeptikerin, "werden Sie weiterhin Seminare geben?"

Ich setzte mich mit einem Lächeln auf meinen Stuhl.

"Die Seminare sind für mich ein Element der *Jagd* und die *Jagd* kann man nicht planen oder vorhersagen."

"Dann habe ich noch eine Frage: Wen 'jagen' Sie bei Ihren Seminaren?"

Mit dieser Frage hatte ich gerechnet.

"Bei einem Training bin ich auf der *Jagd* nach mir selbst. Sie sind auf der *Jagd* nach sich selbst. Es kommt aber auch vor, dass wir uns bei dieser *Jagd* gegenseitig jagen."

"Wie kann ich mir das vorstellen? Erklären Sie das bitte", die skeptische Teilnehmerin sah mich verwirrt an und legte ihr Heft zu Seite. "Ich beispielsweise möchte nicht, dass jemand Jagd auf mich macht."

Ich machte eine beruhigende Handbewegung.

“Machen Sie sich keine Sorgen, das ist ein Naturgesetz unserer Welt. Wir ziehen uns entweder gegenseitig an oder wir stoßen uns ab. Das geschieht aber automatisch. Wenn wir an diesen Prozess bewusst herangehen, so können wir die Anziehungskraft aufspüren und sie durch gezielte Handlungen verstärken. So werden wir mit einer der wertvollsten Gaben dieses Universums beschenkt – die Verbindung mit den uns Nahestehenden, mit in Resonanz stehenden *Kraftkernen,* die sich über Zeit und Entfernung hinweg anziehen. Wenn Sie also nicht möchten, dass sich diese Verbindungen aufbauen, so kann nichts auf der Welt einen anderen *Kraftkern* in Ihrer Nähe halten. Darin liegt auch der ‘Fluch der *Mangen*’, durch die ‘Entfremdungszone’ werden *enge Verbindungen* zerstört. Deshalb kommen wir in dieser Welt nicht zurecht, denn wir bauen fragile Beziehungen auf, leben in vorgetäuschten Familien und schließen zerbrechliche Freundschaften. Denn unsere Beziehungen gründen auf den Vorlieben der *Mangen* anstatt auf *tiefer Verbundenheit*. Alles Zerbrechliche wird in der neuen Welt kaputtgehen. Für die *Jäger* ist es deshalb in unserer Zeit von höchster Wichtigkeit, diejenigen zu suchen, die *Familie* sind. Ohne Eigennutz, Groll, Neid und Manipulationen. *Tief verbunden* auf den Ebenen, die über die Grenzen unseres Verstandes hinausgehen. Deshalb ist jedes Training für mich zu einem gewissen Grad auch eine Suche nach *Verwandten.* Immer wenn die Masken, die wir jahrelang getragen haben, von unseren wahren Gesichtern abfallen, betrachte ich aufmerksam diejenigen, die nahe sind.”

Auch die Skeptikerin lächelte, aber in ihrem Lächeln war Sarkasmus zu erkennen.

“Es gibt Gerüchte, Andrej, dass Sie angeblich während Ihrer Trainings Menschen auswählen ... Entweder für Geheimdienste oder für diese *Jäger* von Ihnen. Stimmt das?”

Lachen war im Saal zu hören.

“Das stimmt.”

Sofort wurde es still. So gut wie alle Teilnehmer sahen mich jetzt erwartungsvoll an, mit Interesse aber auch etwas verwirrt. Ich schwieg noch einen Moment.

"Die Geheimdienste haben hiermit nichts zu tun. Die *Jäger* hingegen beobachten tatsächlich all diejenigen, die mit dieser Bewegung in Berührung kommen."

"Und was machen sie mit denen, die ihr Interesse wecken?"

Ich lehnte mich ein wenig nach vorne.

"Es ist so ähnlich wie Perlen suchen. Der Fänger durchsucht eine riesige Menge an 'Muscheln', bis er endlich jemanden findet, dessen *Kraftkern* ein Leuchten ausstrahlt, das den *vertrauten Menschen* sanft umhüllt. Wie ich schon sagte, so etwas ist ein echtes Geschenk. Menschen, die sich so nahe sind, werden von den *Jägern* als '*Perlen der Zauberer*' bezeichnet."

Ich blickte zu den Teilnehmern. Viele waren offensichtlich neugierig geworden.

"Glauben Sie aber nicht, dass das hier irgendein besonderes Casting ist, um bei den *Jägern* aufgenommen zu werden", lachte ich. "Dieser Prozess findet jetzt einfach überall statt. Die *dunkle Welle* lässt uns keine Wahl. Ich sage es noch einmal, die Zeit der Einzelgänger ist zu Ende. Nur wer lernt, *zusammenzuarbeiten*, zu *lieben*, und zwar so zu *lieben* wie ein *Mensch* und nicht wie ein *Mang*, wird die *Welle* passieren können. Wir befinden uns gerade am Anfang einer besonderen Zeit. Die Zeit der Suche nach *Nahestehenden*. Im grenzenlosen Raum der *Menschheit* gibt es zahlreiche *Gruppen*, die durch die 'Entfremdungszone' der *Mangen* auseinandergerissen worden sind. Nun ist die Zeit gekommen, sie wieder zu vereinen. Daher beginnen *verwandte* AKANE jetzt damit, diejenigen anzuziehen, die sich zutiefst ähneln, die auf denselben Frequenzen schwingen. Die *Jäger* sind nur eine dieser *Gruppen*. Es gibt aber noch andere. Wächter der *menschlichen Rasse*. Ihr besonderes Interesse gilt denen, die schon an der Grenze stehen, die bereit sind, in die *Tiefe* einzutauchen. Deshalb sind die Seminare so wichtig, nicht nur für mich. Vielleicht können Sie schon spüren, wie aus dem *Raum* ganz subtile, kaum hörbare Geräusche hervordringen, wie ein *Ruf*. Vielleicht nehmen Sie auch überhaupt nichts wahr, landen aber in gewissen Situationen, in welchen Sie auf Leute treffen, die Sie zwar nicht kennen, deren innere *Kraft* aber mit Ihrer *verwandt* ist. Die Mehrheit der *Mangen* kann den Ruf nicht sehen und nicht hören, da sie zu sehr in ihre Welt vertieft und mit alltäglichen Dingen beschäftigt sind. Im Gegensatz dazu lauschen die *Jäger* aufmerksam in den *Raum* hinein und versuchen, inmitten dieses Schicksalsgeflechts eine *verwandte Seele* zu erspähen. Wenn sich ein *Mang* von seiner früheren Weltsicht löst und von der Berührung des *Höchsten Geistes* erweckt wird, so beginnt für ihn die Phase der *Zuspitzung*, während der er die Chance hat, zu einer *Perle* zu werden. Die *Perle* wartet darauf, dass sie von ihresgleichen gefunden wird, dass ihre stickige Muschel geöffnet und sie befreit wird, hinaus ins große Universum ..."

Dritter Teil

AKSIR
DIE SPRACHE DER EWIGKEIT

REINIGUNG

"Nur diejenigen, die es riskieren, zu weit zu gehen, können herausfinden, wie weit sie gehen können."[17]

Fernsehserie "Fringe – Grenzfälle des FBI"

---

17) Quelle: https://zitatezumnachdenken.com/t-s-eliot/10128 und https://1000-zitate.de

Ein dritter Punkt hatte sich jetzt auf dem Blatt Papier dazu gesellt.

"Der *dritte Ring der Kraft*:

'AKSIR' - 'DIE SPRACHE DER EWIGKEIT'. Das ist ein Ausgang, der in eine andere Dimension von Zeit und Raum führt."

Der Seher zeichnete einen Kreis um den Punkt.

"Das ist die Grundlage der Philosophie der *Jäger*. Es ist das, was dem Menschen hilft, die *Zuspitzung* aller hässlichen Seiten aus seinem alten Leben in der Dunkelheit auszuhalten."

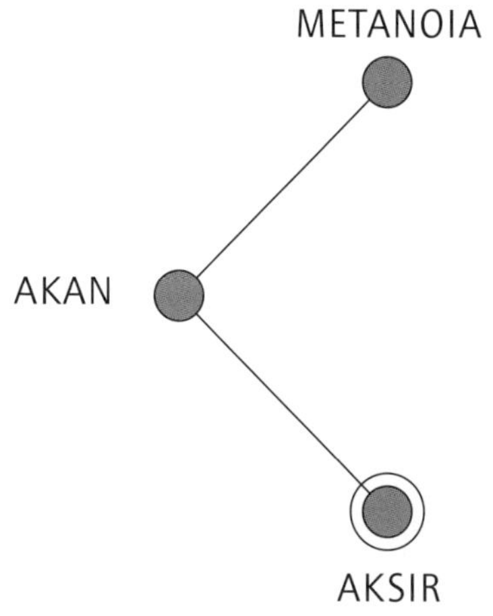

Erinnerungen

DANILYTSCH DIE DUNKLE WELLE

("Bely Jar", März 2014)

"Es ist niemals zu spät zu erkennen, was im Leben wichtig ist, und dafür zu kämpfen."[18]

Aus dem Film "Die Vorahnung"

Wir saßen uns gegenüber, zwischen uns stand ein Tisch, auf dem in einem Kupferbecher ein trockenes Häufchen Artschin rauchte, eine Kräutermischung, die deutlich nach getrocknetem Wacholder roch.

"Erinnere dich, wie schwer es für dich war, als du in die *Tradition* eingetaucht bist."

Ich grinste.

"Oh ja, das war eine lustige Zeit ..."

"Wie viele Male hast du überlegt zu gehen?"

18) *Eigene Übersetzung, Anm. d. Übers.*

Es schüttelte mich beim Gedanken an ein paar Situationen, in denen mein Verstand kurz davor gewesen war durchzudrehen und ich wirklich gegangen war, da ich gespürt hatte, wie mich die Welt der *Jäger* umbrachte. Danilytsch blies sachte auf den in einer schmalen Säule aufsteigenden silbernen Dampf, der sogleich in meine Richtung wehte und meinen Kopf einhüllte.

"Verstehst du jetzt, was damals passiert ist?"

Ich nickte.

"Die *Tradition* hat den *Mang* in mir getötet."

Der Seher blies noch einmal auf den Wacholderdampf.

"Ganz genau. Doch du warst so eng mit ihm verbunden, dass du den Eindruck hattest, du selbst würdest sterben. Im Laufe der Zeit jedoch, als du immer tiefer in die *Tradition* eingetaucht bist, hast du dich verändert. Diese Veränderungen werden nie aufhören, dein ganzes Leben lang wirst du dich immer weiter verändern. Die Ansichten des *Mangen* haben aber schon keine absolute Macht mehr in dir. Du bist schon in der Lage zu verstehen, was vor sich geht, und das ist sehr wichtig. Bedenke, wie du damals, vor vielen Jahren, zu uns gekommen bist - leer, deprimiert, aggressiv, verwirrt und selbstverliebt. Du warst erfüllt von dunkler Energie. Heute hast du gelernt, wie du dich von ihr befreist, indem du sie in *Lebenskraft* verwandelst, welche dir die Möglichkeit gibt vorwärtszukommen. Das, was gerade passiert, ist diesem Prozess sehr ähnlich, nur dass jetzt alles sehr viel schneller geht. Früher bist du durch den Einfluss der *Tradition* vorangekommen, heute treibt die *Welle* die Leute vorwärts."

Danilytsch stützte beide Arme auf dem Tisch ab, legte seinen Kopf darauf und dachte nach.

"Weißt du", brummelte er, "die *dunkle Welle* hat schon immer existiert. Genau wie die Wellen im Ozean, manchmal sind sie klein und manchmal reichen sie bis zum Horizont. Es ist davon abhängig, wie viel dunkle Energie in den Leuten ist. Wenn die dunkle Energie ein bestimmtes Level erreicht, entsteht die *Welle*.

Sie reinigt den Planeten, indem sie die akute Spannung für eine Weile löst. Normalerweise geschieht dies in Form von Kriegen oder Naturkatastrophen."

Der Seher verstummte, ohne den Kopf von den Händen zu heben, als würde er tief in sich hineinschauen und in irgendeiner Erinnerung schwelgen.

"Ich habe die *Welle* auch schon früher gesehen. Auch viele der alten *Jäger* haben von ihr erzählt. Die *Welle* weckt das Dunkle in den Leuten. Die jetzige *Welle* aber ist ganz anders."

Der Seher nahm seinen Kopf von den Händen und schaute mich an. Sein Blick ließ mich sogleich den Kopf einziehen.

"Wie anders?"

Der Seher räusperte sich, bevor er weitersprach.

"Sie ist höher als alle vorherigen *Wellen* ..."

Ich spürte, wie mir ein kalter Schauer über den Rücken lief.

"Und ... was heißt das?"

Danilytsch schaute mich weiterhin schweigend an, was ein ganz unbehagliches Gefühl in mir hervorrief.

"Der *große Krieg*? Das Armageddon?"

Der Alte zuckte mit den Schultern.

"Vielleicht, das weiß niemand. Die vorherigen *Wellen* kamen und gingen, diese *Welle* entstand am Wendepunkt zweier *Epochen*. Sie ist anders."

Er blickte mir direkt in die Augen.

"Sie wird nicht aufhören."

Ich musste schwer schlucken, ich hatte einen Kloß im Hals.

"Was heißt das, sie wird nicht aufhören? Bis sie alle auf der Erde ausradiert hat?"

Der Seher nickte.

"Möglicherweise. Auf jeden Fall aber so lange, bis sie sie von den Fremden gereinigt hat."

"Aber die Fremden stecken ja in den Leuten! Das bedeutet ... das ist das Aus für die Menschheit?"

Danilytsch nickte.

"In der Form, in der sie momentan existiert, wird es sie höchstwahrscheinlich nicht mehr geben."

Ich nahm einen langsamen und tiefen Atemzug.

"Was können wir tun?"

Der Seher zog die Tasse mit dem glühenden Kräutergemisch zu sich heran, blies hinein und ließ einen Funken auf der Oberfläche der graugrünen Masse aufflackern.

"Uns verändern."

Er richtete den Blick wieder auf mich.

"Zu anderen werden. Damit die *Welle* uns nichts anhaben kann. Dafür müssen wir die *lebendige Verbindung* zum *Höchsten Geist* wiedererwecken. Wenn wir das nicht schaffen, gibt es für die Leute keine Zukunft."

Er schob die Tasse zurück in die Mitte des Tisches.

"Wir müssen uns reinwaschen, um *sehen* zu können. Wenn wir das Wesen der *Lebenskraft* begreifen, können wir noch eine *Welle* auslösen, eine *helle*. Aber dafür müssen wir Teil von etwas werden, das größer ist als wir selbst. Wir werden *Gott* wiederfinden müssen ..."

Training

AKSIR

(Moskau, Frühling 2015)

"Die Zeit ist geschmolzen,
hat sich ausgedehnt und gekrümmt."[19]

Neil Gaiman, "Anansi Boys"

"Der dritte Punkt des *Rhombus* heißt 'AKSIR'. Das ist das, was es uns ermöglicht, den Prozess der Heilung und der Erweckung der *Lebenskraft* zu beschleunigen. Die *Jäger* bezeichnen das AKSIR als 'Fangeisen für Dämonen'", ich blätterte das Plakat auf dem Flipchart um und kehrte zu dem vorherigen Blatt zurück. "An dieser Stelle werden wir uns noch einmal der ersten Ebene unseres Bewusstseins zuwenden, die mit der Vorstellung des Todes in Zusammenhang steht."

Die Skeptikerin verzog demonstrativ das Gesicht, während sie weiterhin in ihr Heft blickte.

19) Eigene Übersetzung. Anm. d. Übers.

"Die Vorstellung vom Tod ist eine Fallgrube, in die das dunkle Virus die Leute gelockt hat und wo es sie wie in einem Gefängnis gefangen hält. Früher konnte der Mensch die Realität als ein unendliches Zusammenspiel von verschiedenen Welten wahrnehmen, aber dann wurde sein Bewusstsein vom dunklen Virus verzerrt. Es hat den Menschen in einem dieser Realitätsszenarien eingesperrt und ihm eingebläut, dieses Szenario sei das einzige. Auf diese Weise begannen die *Mangen*, sich widerspruchslos einem der Gesetze dieser Welt zu beugen, welches die *Mangysen* – die deutlichste Ausprägung des dunklen Virus – uns auferlegt haben. Dieses Gesetz ist ihre wichtigste Falle. Um welches Gesetz handelt es sich Ihrer Meinung nach?"

Die Gruppe schwieg. Ich zeichnete zwei horizontale Linien und malte einen kleinen Menschen.

"Die ZEIT. Die *Mangen* sind zu Geiseln der Linearität geworden. Von da an entwickelte sich die ganze Wissenschaft der *Mangen* nur innerhalb der Grenzen dieses Korridors, sein Einfluss auf uns hat sich so noch verstärkt. Damit die Leute diese Falle nicht erkennen würden, haben die *Mangysen* sie mithilfe der *Verkrümmungen* – der 'Entfremdungszone' – von der sie umgebenden Welt abgeschnitten. Ohne unsere *Kräfte*, die wir zuvor vom *Universum* geschöpft haben, haben wir angefangen, einen extremen Hunger zu verspüren."

Ich beschriftete die Zeichnung mit einem weiteren Wort und malte einen Pfeil in eine Richtung.

HUNGER.

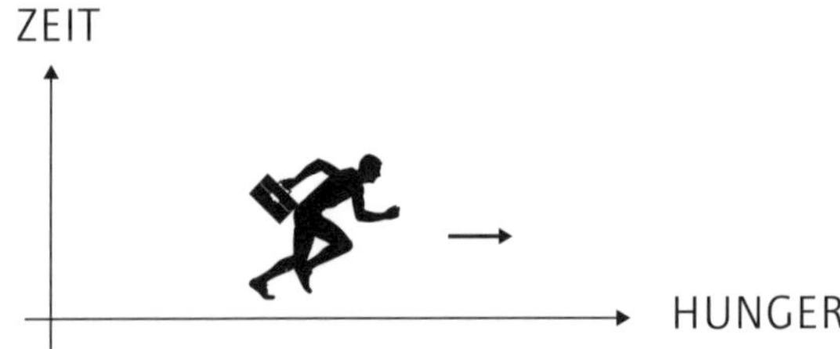

“Seither leben die Menschen innerhalb klar definierter Grenzen, angetrieben vom Hunger - einem physischen, emotionalen und vor allem energetischen Hunger. Der Hunger ist so stark, dass alles, was wir in dieser Pseudorealität tun, auf ihm beruht.”

Ich umkreiste das Diagramm.

“Die perfekte Falle. Der Hunger lässt uns niemals innehalten, er treibt uns pausenlos vorwärts. Durch die Linearität der Zeit wird in uns die Angst vor dem Tod hervorgerufen, aufgrund derer wir im Prinzip nicht glücklich sein können. Erinnern Sie sich? ‘Ein zum Tode Verurteilter kann im Morgengrauen nicht lächeln.’“

Ich machte wieder eine Pause. Ich konnte spüren, dass dies für die Teilnehmer ein schwieriges Thema war.

“Die Angst hält uns gefangen. Der Hunger zehrt uns aus. Doch es gibt noch einen anderen Weg.”

Ich setzte mich auf den Stuhl, blickte in den Saal und schaute meinen Gesprächspartnern in die Augen.

“Am meisten fürchten sich die Leute vor der bevorstehenden Trennung, es ist die Angst vor dem Unbekannten. Davor hat unser linearer Verstand am meisten Angst. Wir müssen aber eine wichtige Sache begreifen - und zwar, dass dies nur ein Szenario ist, an das man uns gezwungen hat zu glauben.”

Erinnerungen

DANILYTSCH UNSTERBLICHKEIT

("Bely Jar", August 2014)

"Wir bewegen uns langsam, wir bewegen uns zielsicher, durchqueren den Raum, geleitet von der Intuition.
Von der untersten Grenze bis zur höchsten Spitze des Hügels, ich kenne alles mit meinem eigenen Körper."[20]

Aus dem Lied "Pis'ma s Granicy" (dt.: "*Briefe von der Grenze*") der Band Aquarium

Die schwere Abendsonne neigte sich bereits dem Horizont entgegen, bis zum Einbruch der Dunkelheit würde es allerdings noch eine Weile dauern. Der Sonnenuntergang tauchte den gesamten Himmel in kräftige Bernsteinfarben. Danilytsch und ich

20) Eigene Übersetzung, Anm. d. Übers.

gingen langsam einen Pfad entlang, der vom Dorf zum Fluss führte. Die Felder um uns herum rochen nach Gras und verströmten den Honigduft der Wiesenblumen. Die Umgebung war von einer solchen Friedlichkeit erfüllt, dass man sich einfach ins Gras legen, die Hände hinter dem Kopf verschränken und den endlosen Himmel mit den flauschigen Wolken beobachten wollte. Der *Jäger* schien meinen Gemütszustand gespürt zu haben, lächelte und nickte in Richtung der uns umgebenden Pracht.

"Schön, nicht? Als gäbe es diese endlose Hektik, die uns immer irgendwo hintreibt, überhaupt nicht. Die Zeit läuft hier anders, hast du es bemerkt?"

Ich atmete tief den Honigduft des Spätsommers ein.

"Ja, es ist, als wäre die Zeit hier stehengeblieben. Wie eingefroren. Wir laufen durch eine Art Zeitlosigkeit. Wie in einer anderen Welt."

"Hm", machte der Jäger, "und doch vergeht die Zeit hier genau wie in der Stadt. Es geht um etwas anderes."

Ich warf dem Seher einen fragenden Blick zu. Er klopfte mit der Handfläche auf seine Brust.

"Es hängt alles von der *Stimmung* ab. Versetze dich in Gedanken einmal in die Stadt, wo die Zeit im gewöhnlichen Rhythmus vergeht. Warum ist das so? Die *Stimmung* ändert sich. In der Stadt ist sie besonders. Speziell dafür geschaffen, um die Leute ständig anzutreiben."

Ich stellte mir die Straßen in der Stadt vor, und für einen Augenblick konnte ich dieses hektische Gefühl spüren. Vor meinem inneren Auge tauchten Schaufenster von Geschäften auf, Verkehr, hastende Menschen, Reklametafeln ...

Der *Jäger* blieb stehen und zeigte auf eine kleine Lichtung rechts vom Pfad.

"Komm, wir setzen uns für einen Moment."

Wir setzten uns direkt ins Gras, das sich weich wie ein Teppich anfühlte. Danilytsch sah mich wieder nachdenklich an.

“Bei den Leuten unterliegt alles einem bestimmten Rhythmus. Alles um sie herum ist von diesem Rhythmus bestimmt. Er ist innen und außen. Er ist in den Armbanduhren, in den Telefonen, in den Computern, an den Wänden in den Büros und in den Wohnungen, in den Autos, im Radio.”

Automatisch blickte ich auf mein Handgelenk, an dem ich eine Armbanduhr trug. Der Seher streckte seine Hand danach aus und klopfte mit zwei Fingern auf das Uhrenglas.

“ZEIT. 24 Stunden pro Tag. 60 Minuten pro Stunde. 60 Sekunden pro Minute. Alles ist genau bestimmt und niemand hinterfragt, warum gerade diese Definition festgelegt wurde. Wir übernehmen dieses Wissen einfach von unseren Eltern, leben unser ganzes Leben danach, fügen uns dieser Bestimmung und geben dieses Wissen dann an unsere eigenen Kinder weiter. Hast du darüber noch nie nachgedacht?”

Ich hob die Schultern.

“In der Kindheit vielleicht. Ich weiß es nicht mehr.”

Da hob der *Jäger* seinen ausgestreckten Zeigefinger in die Höhe.

“In der Kindheit! Solche Fragen stellen wir uns, wenn der Kopf noch nicht mit Dogmen vollgestopft ist. Danach gewöhnen wir uns aber an alles und werden wie alle anderen. Wir geraten in eine Falle, die für uns die Grenzen des Möglichen absteckt. Getrieben von einer unaufhörlichen Hektik rennen wir zu diesen Grenzen. Wenn wir aber stehen bleiben und uns umschauen, so können wir ahnen”, Danilytsch kniff die Augen zusammen und schaute sich demonstrativ nach allen Seiten um, “dass irgendetwas nicht stimmt. Mit ein bisschen Geduld kann man auch die Falle selbst erkennen und sogar Auswege sehen. In Wirklichkeit gibt es schließlich überhaupt keine Grenzen.”

Der Seher lachte auf, klopfte sich erneut auf die Brust und bewegte dann die Hand von sich weg, so als würde er die Grenzen seines Körpers in seiner Umwelt auflösen und sich mit ihr vermischen wollen.

“Verstehst du?”

Er wandte sich mir zu, klopfte mir ebenfalls mit seiner Handfläche auf die Brust und führte dann die Hand weg in Richtung Horizont. Für einen Moment hatte ich sogar den Eindruck, dass alles um mich herum schwankte und sich bewegte, so wie ein Bahnhof, den man aus dem Fenster eines gerade losfahrenden Zuges beobachtete. Ich blinzelte. Die Illusion verschwand. Der *Jäger* saß neben mir und schaute mich an. Dann holte er hinter seinem Rücken eine Umhängetasche hervor, die er fast immer bei sich trug, und nahm eine große farbige Matrjoschka heraus. Ich hatte sie oft bei ihm zu Hause gesehen, wo sie hinter dem Glas in der Anrichte stand. Der Seher streichelte sie mit der Hand und zeigte sie mir.

“Die habe ich heute mitgenommen. Schau sie dir an. Du hast sie schon viele Male gesehen. Erkennst du sie?”

Ich nickte.

“Wer ist hier dargestellt?”

Ich hatte diese Matrjoschka oft betrachtet, deshalb konnte ich direkt antworten.

“Eine Frau in einem volkstümlichen Kleid.”

Der *Jäger* schmunzelte.

“Richtig. Du kennst sie. Sie ist dir vertraut. Und was befindet sich innen drin?”

Automatisch wollte ich sagen, dass sich darin eine weitere Matrjoschka befand, doch das wäre irgendwie zu einfach gewesen. Ich war mir ja auch nicht hundertprozentig sicher. So “musste es einfach sein”. Ein weiteres Klischee. Sie “muss dort sein”, aber war sie es tatsächlich? Ich lächelte.

“Ich weiß es nicht.”

Der Seher kniff die Augen zusammen.

“Genau. Du weißt es nicht. Dein Verstand kennt nur diesen Anblick. Alles Weitere kannst du nur erraten.”

Der *Jäger* streichelte mit der Hand über die hölzerne Figur. “Eigentlich ist diese Figur eine Nachbildung unserer Welt”, er nickte zu dem Spielzeug, “sie stellt nicht nur den Raum, sondern auch den Menschen dar. So sieht unser Verstand die Figur. Wenn wir aber die Möglichkeit hätten, tiefer hineinzublicken, so sähen wir dort ...”

Der *Jäger* nahm den oberen Teil der Matrjoschka ab und legte ihn neben sich. Es war tatsächlich eine etwas kleinere Figur darin. Der Seher nahm sie heraus und zeigte sie mir.

“Wer ist hier dargestellt?”

“Ebenfalls eine Frau.”

“Eine andere?”

“Ja, eine andere.”

“Sieh genau hin!”

Ich sah genauer hin. Die zweite Figur war genauso angemalt wie die erste. Der *Jäger* beobachtete mich aufmerksam.

“Warum glaubst du, dass das eine andere Frau ist?”

Ich dachte nach und versuchte, logisch vorzugehen.

“Nun ja, obwohl die Bemalungen gleich sind, sind es definitiv zwei verschiedene Frauen.”

Der Jäger schnaubte.

“Aber wie kommst du darauf?”

“Na ja, zum einen, weil sie kleiner ist. Und außerdem war sie in der ersten Frau, das heißt also, dass das hier ein ganz anderes Objekt ist. Es hat nur eine ähnliche Form und Bemalung.”

Danilytsch legte sich auf einem Arm ab und hielt mit der anderen Hand weiterhin die Figur vor mir hoch.

“Bevor ich sie herausgeholt habe, war sie aber ein Teil der ersten Frau. Und obwohl du sie nicht gesehen hast, bist du a priori davon ausgegangen, dass die zwei Figuren eins sind. Diese Matrjoschkas sind tatsächlich eins, und gleichzeitig sind sie verschieden.”

Der *Jäg*er gab mir das Spielzeug und forderte mich mit dem Blick auf, die weiteren Figuren herauszuholen. Eine Minute später standen sieben gleich aussehende hölzerne Figuren vor uns im

Gras. Danilytsch hielt seine Handfläche über sie, so als würde er sie streicheln.

“Der Mensch ist genau wie diese Figuren. Er hat viele Körper, obwohl er nichts von ihnen weiß, weil sein Verstand nur einen von ihnen wahrnimmt. Da er an dieser einen Form haftet, bewegt der Mensch sich auch nur in einer Welt, von der er glaubt, sie sei die einzige. Folglich ist nicht nur der Mensch multidimensional, sondern auch die Welt selbst, man könnte von einer ‘Welten-Matrjoschka’ sprechen.

Doch der Zustand, in dem sich die Leute heutzutage befinden, ermöglicht es ihnen nicht, außer ihrer gewohnten Realität noch etwas anderes wahrzunehmen. Ihr ständiger Mangel an *Kraft* und ihr Gefühl von *Zeit* halten sie in dieser Falle gefangen, sie sind fest verankert mit dieser Form.”

Der *Jäger* schnippte die erste Figur mit seinem Finger um.

“Wenn ein *Mang* stirbt, so denkt er, alles sei zu Ende. Denn er verbindet ‘alles’ nur mit dieser Form.”

Der Seher zeigte auf die übrigen Figuren, die in einer Reihe standen.

“Dabei fängt für den *Menschen* gerade erst alles an ...”

Training

ZEITLOSIGKEIT

(Moskau, Frühling 2015)

"Fürchte nicht, daß dein Leben enden wird, sondern fürchte lieber, daß es nie beginnen wird."[21]

John Newman

Ich war damit fertig, die Matrjoschkas vor mir auf dem Boden aufzustellen und blickte in den Saal.

"Die Schamanen sind der Ansicht, dass sich nach dem Tod eines Menschen seine übrigen Körper in die jeweiligen Welten begeben. Wenn die Leute begreifen würden, dass ihre Natur multidimensional ist, könnten sie nicht nur spüren, dass sie in mehreren Welten leben, sondern sie könnten sich auch von der Angst vor dem Tod lösen. Durch die Verzerrungen unseres Verstandes sind wir aber leider in nur einem von unseren Körpern verankert. Das

21) Quelle: https://www.aphorismen.de/zitat/25831

schwierigste und primäre Problem liegt deshalb darin, über die Grenzen unserer gewohnten Form hinauszugehen. Genau deshalb suchen die Leute nach spirituellen *Begleitern*, die das menschliche Bewusstsein aus der einen Matrjoschka in die andere übertragen können. Diese Reise ist aber äußerst heikel, da es keine *Brücke* zwischen der 'Alpha-Teilpersönlichkeit' und der 'Beta-Teilpersönlichkeit' gibt. Deswegen habe ich zu Beginn des Trainings gesagt, dass die wichtigste Aufgabe für die heutigen *Suchenden* darin besteht, eine solche *Brücke* zu bauen. Das AKSIR ist diese *Brücke*."

Ich lief zur Tafel und malte zwei Figuren, die ich mit "A" und "B" beschriftete.

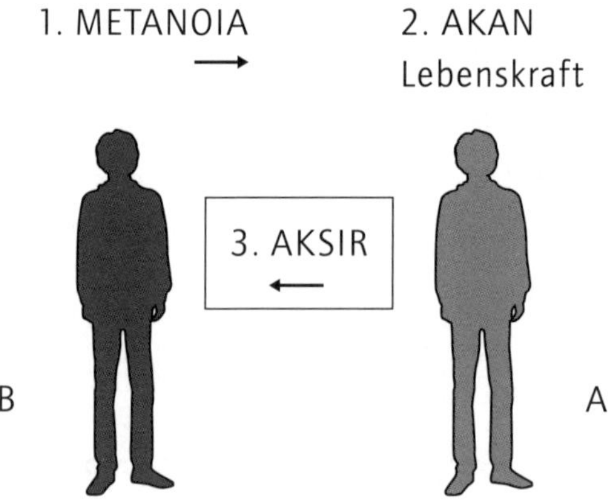

"Schauen Sie sich das Schema an. Im Moment der METANOIA, wo Sie mit einigen Aspekten Ihrer 'Beta-Teilpersönlichkeit' unzufrieden sind, verlassen Sie 'B' und wandern in 'A'. Dort erfolgt die Aktivierung der *Lebensenergie* - der AKAN-Prozess. Mit diesem Prozess leben müssen Sie aber innerhalb der gewöhnlichen Gesellschaft. Deshalb kehren wir aus 'A' in 'B' zurück. Die BRÜCKE, über die wir zurückgehen, ist das AKSIR."

Ich wandte mich dem Saal zu.

"Das AKSIR ist eine Philosophie, die es ermöglicht, die 'Idee der *Mangen*' einzufangen und sie zu verbrennen. Während das AKAN die *Lebensenergie* aktiviert, schafft das AKSIR die Voraussetzungen dafür, diese zu manifestieren und den *Mangen* aus unserem Bewusstsein zu vertreiben. Ihr Verstand erwartet von mir jetzt wahrscheinlich ein konkretes Verfahren, das AKSIR ist aber kein Dogma. Es ist eine Philosophie, mit deren Hilfe wir die neue Teilpersönlichkeit '*Beta*' aufbauen. Sie haben schon verstanden, dass die Falle der *Mangysen* aus zwei grundlegenden Fallstricken besteht - dem HUNGER und der ZEIT. Mit der Hilfe von AKSIR beginnen wir uns allmählich von beiden zu befreien."

Ich schlug vor, Stifte und Notizbücher zur Seite zu legen.

"Lassen Sie uns eine kleine Übung ausprobieren. Sie ist zwar recht simpel, aber durchaus dazu in der Lage, eine gewisse *Intention* hervorzubringen, durch die sich für Sie der Zugang zum AKSIR öffnen wird. Setzen Sie bitte die Augenbinden auf."

Die Teilnehmer saßen mit verbundenen Augen da. Ihre Wahrnehmung stellte sich um, anstelle wie üblich alles im Außen zu betrachten, richtete sich ihr Blick jetzt nach innen.

"Okay. ZEIT. Wir werden jetzt unser Leben um ein paar Minuten verlängern. Woher nehmen wir diese Minuten? Wir werden innehalten. Wir werden aufhören, den Zeitkorridor entlangzurennen."

Nicht ohne Grund hatte ich die Uhr von der Wand genommen und alle Teilnehmer gebeten, ihre Armbanduhren wegzulegen.

"Vielleicht halten Sie dies für eine Metapher, aber das ist es nicht. Unser gewöhnlicher innerer Rhythmus wird uns nach wie vor vorwärtstreiben und auf der Zellebene Sekunden abziehen, die uns altern lassen. Für ein paar Sekunden lang aber wird der Rhythmus aus dem Takt geraten. Konzentrieren Sie sich nun auf Ihren Körper. Er muss jetzt nirgendwo hin, er ist nicht in Eile. Beobachten Sie Ihren Verstand. Wir werden langsamer. Wir sind uns hier und jetzt unserer selbst bewusst, etwas anderes existiert nicht. Spüren Sie, wie Sie sich an dem Punkt befinden, der das Zentrum des Weltalls bildet. Es gibt Milliarden solcher Punkte. Nein, noch weitaus mehr, und Sie sind einer davon. Winzig klein und gleichzeitig unersetzlich und großartig. Genau wie eine Schneeflocke, von der es seit der Existenz von Schnee auf unserem Planeten noch keine zweite gab, die genau wie sie war. Genau jetzt, während wir nirgendwohin hetzen und diese Momente durchleben, sind wir wirklich *lebendig*. Denn das Leben ist mehr als nur unsere Gedanken und Bemühungen, die nichts als Projektionen sind. Leben – das ist das, was in diesem Moment mit uns geschieht. Genau jetzt, nachdem wir angehalten haben, berühren wir die *Ewigkeit*. Wir befinden uns jetzt in der '*Welten-Matrjoschka*'. In ihr können wir nicht isoliert sein, in ihr können wir nicht sterben. Etwas in uns schnürt sich jetzt vor Angst zusammen, Angst vor dem, was kommt, aber im Zentrum des Weltalls gibt es keine Zukunft. Zeit ist eine Illusion."

Wir verweilten in diesem Zustand so lange, bis einige Teilnehmer anfingen, ein wenig nach vorn zu kippen, weil sie in einen Halbschlaf gefallen waren – der *Mangen*-Verstand hatte seine Schutzmechanismen aktiviert, die verhindern wollten, dass wir uns des Übergangs von einer Teilpersönlichkeit in eine andere bewusst wurden.

Wir machten fünf Minuten Pause, die alle gut vertragen konnten.

"Die Trägheit der Zeit zu brechen, das ist ein wichtiges Element in der AKSIR-Strategie. Es wird in fast allen religiösen und esoterischen Disziplinen praktiziert. Diese Übung irritiert den Verstand der *Mangen* am meisten. Er will 'so viel wie möglich, so schnell es geht'. Sobald man diesen Willen einschränkt, beginnt für das dunkle Virus ein Todeskampf. Deshalb mussten viele *Suchende*, die der Bewegung der *Jäger* beitreten wollten, zuerst den Zeittest ablegen. Aber nur sehr wenige bestehen diesen Test. Es ist nicht leicht, geduldig zu sein und ein paar Jahre zu warten, wenn der *Mangen*-Verstand darauf pocht, jetzt sofort bei den *Jägern* aufgenommen zu werden. Wenn es Ihnen aber gelingt, diesen Verstand zu bändigen, wird er früher oder später gereinigt werden.

Schauen wir uns einmal an, wie ein Business von heute funktioniert. Hauptziel der meisten Geschäftsmänner ist es, so viel Geld wie möglich in nur kurzer Zeit zu verdienen. Die typische Strategie der *Mangen*. Ein *Mensch* hat keine zeitlichen Beschränkungen, weil er ein zeitloses Geschöpf ist, eine ewige *Seele*. Und deshalb macht der *Mensch* alles in seinem Leben so, als wäre es für die *Ewigkeit*, nicht für einen kurzlebigen Vorteil. Ein solches Handeln ist keine Frage der Überzeugung, vielmehr hat es damit zu tun, dass man die lebendige Verbindung mit allem, das uns umgibt, spüren kann.

An dieser Stelle gehen wir zum zweiten Fallstrick über, dem HUNGER ..."

"Die *Jäger* sind der Ansicht, dass wir infolge der Verzerrungen unseres Bewusstseins so viele energetische Knoten in unserem Raum geknüpft haben, dass unsere Verbindung zu der uns umgebenden Welt sehr eingeschränkt ist. Im Grunde genommen haben wir ein ganzes Netz aus Filtern gespannt, in dem wir uns selbst verfangen und verirrt haben. Je mehr wir uns bewegen, desto mehr verheddern wir uns darin. Wenn wir einmal ruhig stehen bleiben, fangen die *Kraftkerne* automatisch damit an, unseren Raum zu reinigen, indem die Knoten entfernt werden. Darum haben sich die *Jäger* einen strategischen Trick ausgedacht: Statt die Aufmerksamkeit auf die inneren Befehle des Geistes zu fokussieren, richten sie sie nach außen und halten inne. Sie klammern sich an etwas sehr Helles und Bedeutsames. Was könnte das sein, was meinen Sie? Natürlich die SCHÖNHEIT dieser Welt. Während wir durch den Korridor der Zeit hetzen, bemerken wir diese

Schönheit nur selten. Dabei ist sie ein mächtiger Impuls für uns, der mit den *menschlichen Archetypen,* die auf einer unterbewussten Ebene wirken, zusammenhängt. Wenn wir die *Schönheit* bemerken, sie bewundern und uns bewusst werden, was in diesen Momenten mit uns geschieht, können wir entschleunigen. Die *Jäger* nennen das den '*Schönheits*schock'. In dieser Zeit wird der AKAN-Impuls verstärkt, eine REINIGUNG beginnt, die toxischen Programme des *Mangen* werden ausgestoßen und der Enerhom-Prozess ist im Gange, welcher uns allmählich zu unserem ursprünglichen *menschlichen* Zustand zurückbringt. Können Sie erkennen, was dieser Prozess mit den Holzfiguren zu tun hat?"

Ich legte den Marker auf das Regal und ging wieder zu den Matrjoschkas. Die Teilnehmer schauten die Figuren an und versuchten im Geiste, ein logisches Bild zusammenzusetzen.

Erinnerungen

DANILYTSCH UNSTERBLICHKEIT

("Bely Jar, August 2014)

"Niemand wird diesen Weg für uns gehen.
Niemand kann sagen, was es hier gibt.
Aber bald wird jeder junge Geograf
darüber lesen können
in der vollständigen Sammlung der Briefe von
der Grenze zwischen Licht und Schatten."[22]

Aus dem Lied "Pis'ma s Granicy' (dt.: "*Briefe von der Grenze*") der Band Aquarium

Danilytsch und ich saßen am Ufer des Flusses und beobachteten die stille Strömung.

"AKSIR ist eine Kunst, die Suche nach Balance im Leben. Über die *Schönheit* beginnen wir, die Entfremdungszone zu verlassen,

22) Eigene Übersetzung, Anm. d. Übers.

die der *Mang* in uns erschaffen hat. In der *Schönheit* der *Welt* hallt unser Gefühl von *Einheit* mit dieser *Welt* nach. Die *Schönheit* befreit uns von der Hektik, von dem Fremdartigen. Sie REINIGT uns, verstehst du?"

Gebannt schaute ich auf die Flussaue, auf die Linien des Horizonts, die in der orangefarbenen Abendsonne schmolzen.

"Ich fühle ..."

"REINIGUNG, das bedeutet LEERUNG, ein Ausweg aus dem festen Zustand in einen *tieferen*, in die *Leere*."

Danilytsch nahm die Matrjoschka in die Hand und zeigte sie mir.

"Dein Verstand hat ein sehr wichtiges Detail übersehen. Woraus besteht diese Matrjoschka?"

"Aus anderen Matrjoschkas."

"Aber nicht nur. Gewohnheitsmäßig erwähnst du nur die festen Körper. Aber was gibt es dort noch?"

Ich schaute mir die lächelnde Figur aufmerksam an.

"Es gibt auch noch Leere, zwischen den Matrjoschkas."

Der Seher nickte heftig.

"Ganz genau. Kaum jemand spricht darüber, weil wir uns auf die festen Formen versteift haben. Aber die Leere spielt in der Matrjoschka eine sehr wichtige Rolle. Was glaubst du, welche das ist?"

"Sie ... verbindet die einzelnen Matrjoschkas miteinander."

"Ausgezeichnet! Die Leere ist ein Übergang. Von einer Matrjoschka zur anderen kann man nur über die *Leere* gehen. Wir nennen sie, wie du weißt, die LICHTSCHATTEN, sie sind wie Klebstoff, der Räume und Welten verbindet. Denk mal nach, wenn sich in dieser Matrjoschka mehrere Figuren befinden, dann gibt es in ihr auch einen unsichtbaren Teil: eine Matrjoschka, die aus *Leere* besteht und dieselbe Matrjoschka-Form hat. Man kann also sagen, dass diese Figur aus zwei Matrjoschkas besteht, einer sichtbaren und einer unsichtbaren, einer festen und einer leeren.

In unserer Welt ist es genauso. Es erscheint uns nur so, dass sie aus materiellen Objekten besteht, eigentlich ist sie aber weitaus vielfältiger. In diese Vielfalt eintreten können wir aber nur dann, wenn wir vom Gift *gereinigt* sind und eine Philosophie erschaffen haben, die von *Schönheit* erfüllt ist und die es unserer *Lebenskraft* ermöglicht, die *Leere* für uns zu öffnen, den Zugang zu den *Lichtschatten*."

Wir saßen eine Weile schweigend da und beobachteten einfach nur, wie die Sonnenscheibe den Horizont erst berührte und ihn dann durchbrach. Auf den Wellen tanzten rotgoldene Spiegelungen des Sonnenuntergangs. Die Grashüpfer zirpten in einer enormen Lautstärke hinter uns auf den Wiesen. Danilytsch wandte sich mir zu.

"Die *Jagd* - das Vermögen in allem, was uns umgibt, eine *lebendige Seele* zu sehen - ist der erste Schritt in Richtung eines solchen Verständnisses. Am Anfang lernen wir, die *Kraft* des *Höchsten Geistes* in der *Schönheit* der Natur zu sehen. Danach lernen wir, sie auch in anderen Leuten zu sehen. Genau das ist die Unsterblichkeit, die Rückkehr zu der verlorenen *Einheit* mit dem Universum ..."

Vierter Teil

INJARA
VERKÖRPERUNG
DER EWIGKEIT

DANKBARKEIT

"Wo lebt er denn, dieser Satan?", fragte Boris. "Hier!", Maxim klopfte sich auf die Stirn, "und hier", er klopfte sich auf eine andere Stelle. Auf die, von der man nur ungern spricht. Dann seufzte er schwer: "Dieses ganze Phänomen ist überaus philosophisch. Wenn man dieses Rätsel aber entschlüsselt, so kann man alle Geheimnisse der menschlichen Seele lüften."[23]

Grigorij Klimow, "Knjaz' mira sego"
(dt.: "*Fürst dieser Welt*")

23) *Eigene Übersetzung, Anm. d. Übers.*

Der vierte Punkt war auf dem Papier und der Rhombus war fertig.

Der Seher vollendete die Figur.

"Der *vierte Ring der Kraft* heißt 'INJARA'. Es ist die Kunst, Grenzen zu überwinden, der Ausweg aus der Entfremdungszone."

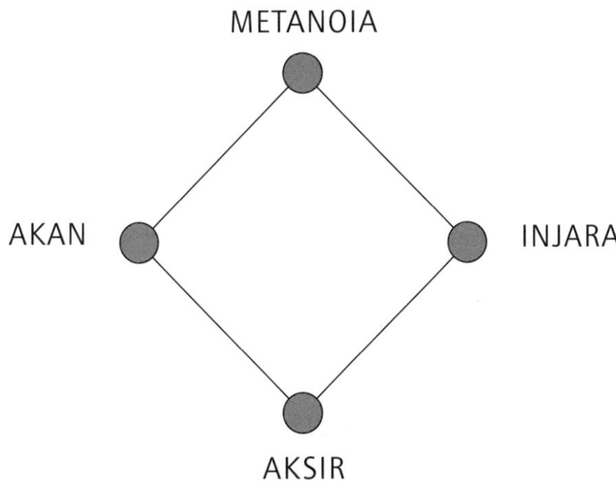

Erinnerungen

DER JÄGER

(Donbass, Herbst 2014)

"Manchmal scheint es uns, als ob es unmöglich sei, in dieser Welt zu leben. Aber einen anderen Ort gibt es nicht."[24]

Jack Kerouac

Ich wusste, ich spürte, dass all der Schmerz, der an Orten des Kampfes entsteht, nicht zufällig ist. Genau wie auch das *Böse* kein Zufall ist, das hier völlig unmaskiert und unverhohlen wütete, mit seinem räuberischen Wesen. Das Gift, das sich über Jahrhunderte hinweg in den Grundpfeilern unserer Gesellschaft angesammelt hatte, kam hier an die Oberfläche. Von Zeit zu Zeit musste sich die Noosphäre von der Dunkelheit, die wir selbst geschaffen hatten, befreien. Und so unangenehm es auch war, aber je stärker die Reaktion, desto intensiver die Reinigung. Das ENERHOM-Konzept

---

24) Eigene Übersetzung, Anm. d. Übers.

hatte mir vieles klar gemacht. Wenn das Ausmaß an Verzerrungen in der Gesellschaft zu groß geworden ist und die Leute begreifen, dass sich unsere Zivilisation verirrt hat und in die falsche Richtung läuft, dann erwacht die *Absicht* zur *Reue* - die *Metanoia*. Wir spüren einen *belebenden Impuls*, durch den der ganze Eiter der parasitären Gesellschaft ausgestoßen wird. So als würde ein Geschwür aufbrechen. Wehe denjenigen, die diese Zeiten erleben müssen, denn sie werden große Erschütterungen erfahren. Und gesegnet sind sie, denn es sind Zeiten der Reinigung. Wenn man versteht, was vor sich geht ...

Meine Gefühlswelt war noch immer aufgewühlt vom Zusammenstoß mit der *Welle*, doch ich ließ sie davonziehen und begann, in die *Lichtschatten* einzutauchen. Ich wusste, dass das Gewebe, aus dem die *Welt* besteht und das in den *Lichtschatten* gerissen ist, auch in der materiellen Welt reißen wird. Deshalb musste es auch in der *Tiefe* repariert werden. Wieder legte ich meine Hände auf die Erde und flüsterte ein besonderes *Gebet* der *Jäger*. Ich tat das Einzige, was ich an diesem Ort, der von den Schrecken des Krieges niedergebrannt war, tun konnte: Ich erfüllte ihn mit meiner Liebe.

Training

NEUE GEFÜHLE

(Moskau, Frühling 2015)

"Manchmal ist die größte Reise im Leben, einen Schritt auf einen anderen Menschen zuzugehen."[25]

W. Somerset Maugham

Ich ging zurück zur Zeichnung von den beiden Teilpersönlichkeiten "A" und "B".

"Nachdem wir über die AKSIR-Brücke ins 'Beta' zurückgekehrt sind, beginnen wir damit, diese Teilpersönlichkeit umzugestalten. Dafür haben die *Jäger* die Kunst des 'INJARA' geschaffen, bei welcher es sich um ein neues Verständnis der Verständigung zwischen Lebewesen, insbesondere zwischen den Leuten handelt. Das Wort 'INJARA' hat einen zutiefst metaphorischen Charakter. Den Legenden der *Jäger* zufolge gibt es zwei Welten: 'INO', die

---

25) Eigene Übersetzung, Anm. d. Übers.

hauptsächlich mit der Manifestation weiblicher Energien in Zusammenhang steht, und 'JARAN', die vorwiegend die männliche Energetik verkörpert. Das Zusammenspiel dieser Energieformen, dieser Welten, hat einen gewissen Kodex für die Kommunikation zwischen den Geschlechtern geschaffen."

Aufmerksam schaute ich mir die Leute im Saal an. Es war sehr anstrengend, eine solche Menge an Informationen innerhalb einer so kurzen Zeit aufzunehmen.

"Ich weiß, dass wir alle erschöpft sind von so vielen Informationen. Aber glauben Sie mir, es lohnt sich, aufmerksam zu bleiben. Ich werde Ihnen jetzt von einer weiteren heimtückischen Falle der *Mangysen* erzählen. Es ist eine Falle, der wir allein aufgrund unserer Zeugung und Geburt nicht entgehen können. Sie steht in Zusammenhang mit unserem Sexualleben und unseren sexuellen Instinkten."

Ich sah, wie die Teilnehmer munter wurden. Dieses Thema ließ nur selten jemanden kalt.

"Ich beginne mit etwas, das wahrscheinlich vielen bekannten Konzepten widerspricht. Meine Aufgabe ist es aber, Sie mit dieser Weltanschauung vertraut zu machen. Ob Sie sie akzeptieren oder nicht, bleibt Ihnen überlassen. Also ..."

Ich zeichnete zwei Figuren, eine Frau und einen Mann.

"Ich werde jetzt nicht darüber sprechen, dass wir auf allen Ebenen verschieden sind. Informationen darüber finden Sie zur Genüge in all meinen vorherigen Büchern. Jetzt möchte ich Ihnen lieber erzählen, was die *Jäger* über unsere energetischen Unterschiede denken."

In die Figur des Mannes auf Höhe der Genitalien malte ich einen Kreis, in die Figur der Frau zwei Kreise.

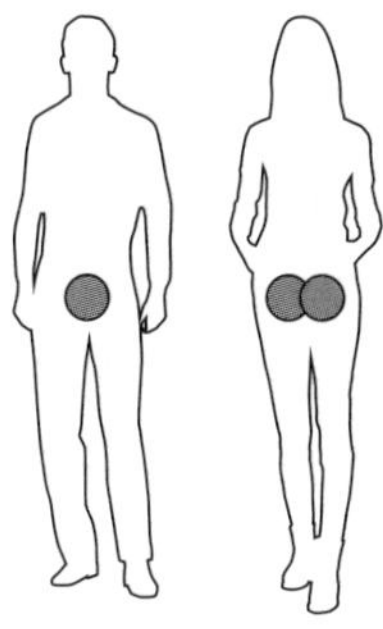

“Im Unterschied zum Mann hat die Frau in diesem Bereich nicht eins, sondern zwei energetische Zentren. Was glauben Sie, warum das so ist?”

Sogleich ertönte die Antwort aus dem Saal:

“Wegen der Kinder.”

“Richtig. Die Frau braucht einen doppelten Energievorrat, für sich selbst und für noch einen weiteren Menschen. Beim Mann besteht diese Notwendigkeit nicht. Er ist nur Träger des Samens, der Informationen. Die Frau hingegen muss das Baby neun Monate lang mit Energie versorgen, ohne dabei selbst Schaden zu nehmen. Genau deshalb ist die Frau genetisch dazu veranlagt, Energie aufzunehmen und sie zu speichern. Der Mann gibt ab: Sperma, den physischen DNA-Träger, Information, Energie. Sogar an den Geschlechtsorganen von Männern und Frauen lässt sich viel über die Funktionalität ihrer Besitzer ablesen. Frauen haben eine Vertiefung, eine Schale, die im Innern verborgen liegt und aufnimmt. Männer dagegen haben einen Überträger, er befindet sich außen und gibt ab. Im Grunde spiegelt das die Rollenverteilung in der Welt wider.”

Die Skeptikerin, die schon lange nichts mehr gesagt hatte, sich aber schließlich nicht mehr zurückhalten konnte, hob die Hand.

“Nun mal langsam, die Bestimmung von Frauen ist doch das komplette Gegenteil: Sie geben Leben, geben Liebe, geben den Männern Kraft.”

Nachdrücklich zeigte ich noch einmal auf die primären Merkmale auf dem Blatt.

"Das klingt schön, aber ... Vielleicht verwechseln wir wieder einmal die Bestimmung und die tatsächliche Situation. In der Welt der *Mangen* wird Energie nämlich nicht freiwillig abgegeben. In dieser Welt ist jeder sich selbst der Nächste."

"Dann gibt es aber einen offensichtlichen Widerspruch. Deiner Theorie zufolge geben Männer ja schließlich Energie ab."

"Das tun sie, allerdings nicht freiwillig. In unseren Köpfen sind Programme verankert, die den Energietransit bestimmen."

"Das heißt, laut deiner Theorie sind die armen Männer dazu gezwungen, ihre Energie an uns abzugeben, und anstelle sie später wieder an sie zurückzugeben, geben wir sie an unsere Kinder weiter?"

"Etwas überspitzt dargestellt, aber im Grunde, ja."

Die Frau rollte demonstrativ mit den Augen.

"Andrej!", platzte sie heraus, "das stimmt doch alles überhaupt nicht! Warum verdrehen Sie bloß alles? Ja, Frauen sind Männern energetisch überlegen, und genau deshalb nutzen sie ihre Kraft, um das männliche Geschlecht zu unterstützen. Sie stärken und inspirieren die Männer und schaffen stabile Beziehungen und harmonische Familien."

Ein Flüstern und Kichern ging durch den Saal. Ich hob die Hände und forderte damit die Gruppe auf, still zu sein. Dann nickte ich meiner Gesprächspartnerin zu.

"Es hat keinen Sinn, jetzt über offensichtliche Widersprüche zu diskutieren. Ich erkläre Ihnen, was ich meine. Ich habe ja bereits gesagt, dass die Idealvorstellungen und das, was tatsächlich in unserer Gesellschaft passiert, zwei grundsätzlich unterschiedliche Dinge sind. Sagen Sie mir bitte einmal, haben Sie in Ihrem Leben viele glückliche Familien gesehen? Ich meine kein gekünsteltes oder vorgetäuschtes Glück, sondern ein tiefes und aufrichtiges Glück? Familien mit glücklichen und krafterfüllten Männern, ohne

Liebhaberinnen, Skandale und übermäßigen Stress? Familien mit ausgeglichenen Ehefrauen, die echte Lebensfreude empfinden?"

Mein skeptisches Gegenüber blinzelte ironisch und wartete schweigend, bis ich fortfuhr. Also stellte ich eine direkte Frage.

"Vielleicht würden Sie sagen, dass die allgemeine Tendenz zwar noch dahin geht, dass es aber auch andere Fälle gibt ... Deshalb frage ich Sie konkret: Sind Sie glücklich mit Ihrem Mann?"

Die Skeptikerin zuckte genervt mit den Schultern.

"Ich bin überhaupt nicht verheiratet. Aber vielleicht ist das für mich auch nicht vorgesehen."

Erneutes Kichern war im Saal zu hören. Das Stichwort hier war "vielleicht".

"Wissen Sie, man könnte ewig die Augen verschließen vor dem, was zwischen uns vor sich geht, aber die Sache ist viel zu wichtig. Wir müssen die Dinge dringend in Ordnung bringen. Vielleicht haben Sie den Eindruck, dass ich die Frauen angreife. Das tue ich nicht. Ich bin aber davon überzeugt, dass, wenn sich die heutige Rolle der Frau nicht ändert, uns eine unausweichliche Katastrophe bevorsteht. Glauben Sie mir, wenn wir versuchen, diese Rolle als eine *göttliche* darzustellen, werden die wahren Quellen der *weiblichen Göttlichkeit* in dieser Hölle um uns herum niemals zum Vorschein kommen."

"Jaja ...", meinte die skeptische Teilnehmerin. Es war offensichtlich, dass sie bereits kurz davor war, das Training zu verlassen. "Man könnte die Frauen geradezu als Tyrannen bezeichnen."

"Da haben Sie recht", bestätigte ich ihre Worte, "die Rolle, die die Frau heutzutage innehat, könnte man als genau das bezeichnen. Wollen Sie ein paar Beispiele?"

Die Gruppe nickte freundlich.

"Wer bringt die Menschen auf diese Welt?"

"Die Frau."

"Ganz genau. Bereits zu diesem Zeitpunkt wird in unserem Körper das Axiom der Abhängigkeit und Unterordnung unter die

Frau festgeschrieben. Sagen Sie mir, wer in der Familie verbringt mehr Zeit mit dem Kind, der Mann oder die Frau?"

"Die Mutter natürlich."

"Obwohl ... moderne Mütter ..."

"Die Mutter! Auf die Bildung der Verhaltensstrukturen des Kindes hat sie in jedem Fall einen viel größeren Einfluss, allein schon deshalb, weil sie statistisch gesehen mehr Zeit mit ihm verbringt. Wenn die Mutter keine Zeit hat und das Kind im Kindergarten ist, wer erzieht es dort?"

"Frauen!"

"Schauen wir uns jetzt die Schule an. Ich spreche häufig darüber, dass die grundlegenden sozialen Rollen in den ersten Schuljahren geformt werden. Lassen Sie uns kurz betrachten, wie das vonstattengeht. Im Alter von sieben Jahren ist der Entwicklungsstand bei Mädchen und Jungen komplett verschieden. Diese Tatsache wirkt sich zweifellos darauf aus, wie gut die Schüler den Lernstoff beherrschen, der - hören Sie gut zu - nach einer einheitlichen Notenskala bewertet wird. Verstehen Sie? Die Fähigkeiten von Jungen und Mädchen sind verschieden, sie werden aber gleich bewertet! Wozu führt das?"

"Jungs sind dumm! Jungs sind Fünfenschreiber!"

"Menschen zweiter Klasse."

"Wir machen uns jetzt zwar ein wenig darüber lustig, aber für die Kinder ist das eine gewaltige Erschütterung! Die Erwachsenen nehmen das Problem nicht ernst, da sie selbst diese demütigende Programmierung schon hinter sich haben. Davon einmal abgesehen, wer unterrichtet hauptsächlich in den Schulen?"

"Frauen ..."

"Ich habe den Eindruck, dass die Sache bereits klar ist", ich blickte in den Saal, "dabei habe ich Ihnen jetzt nur ein paar spontane Beispiele genannt. So entstehen die Programme der Unterordnung und des Energietransits. Auch in Bezug auf die Energetik", ich zeigte mit dem Filzstift auf die Zeichnung, "sieht es recht traurig aus. Wie ich bereits sagte, wird den Männern schon in der Kindheit eine einseitige Energieabgabe antrainiert."

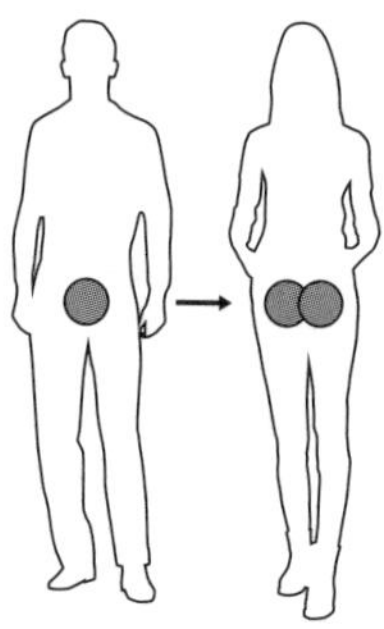

"Es ist eine Art Tribut des untergeordneten Geschlechts an das dominierende. Doch irgendwoher müssen die Männer die Energie auch nehmen. Da sie sie nicht aus der Umwelt mithilfe der natürlichen Mechanismen, die der *menschlichen* Energetik eigen sind, beziehen können, müssen die *Mangen* sie in unmittelbarer Nähe suchen. Die einfachste Möglichkeit in der Welt der *Mangen* Energie zu bekommen, ist, sie sich gegenseitig zu entziehen. Intuitiv spüren Männer das doppelte Energiezentrum von Frauen, und so fühlen sie sich in überwältigender Weise zu den Vertreterinnen des anderen Geschlechts hingezogen. Auf diese Weise landen sie in einer Falle, die ihre Abhängigkeit von Frauen noch verstärkt. Beim Sex zwischen einer Frau und einem Mann wird ein energetischer Kanal geschaffen, über den die Frau nach dem Transitgesetz vom Mann Energie bezieht. Problematisch wird es dadurch, dass der Kanal nach dem Sex nicht wieder verschwindet, sondern weiterhin aktiv bleibt, in Abhängigkeit vom Grad der Nähe und emotionaler Verbundenheit der beiden Menschen. Stellen Sie sich einmal vor, wie viele Energiespender eine Frau in ihrem Leben hat? Und an wie viele Frauen gibt ein Mann Energie ab? Möglicherweise liegt darin die Ursache dafür, dass die Lebensdauer von Männern im Schnitt 10 bis 15 Jahre kürzer ist als die von Frauen.

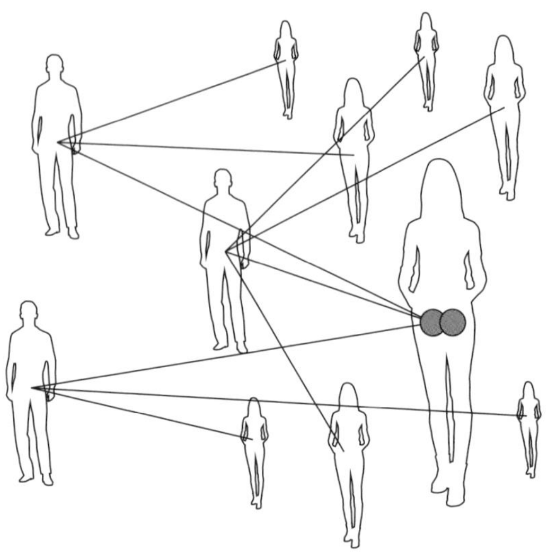

Ein Mann hob die Hand.

“Heißt das etwa, es funktioniert so wie bei den Ameisen? Arbeitende Männchen und die Königin?”

“In Bezug auf die energetischen Wechselbeziehungen, ja, so in der Art.”

Die Skeptikerin hob ebenfalls die Hand.

“Andrej, selbst wenn Ihr Schema stimmen sollte, dann ist es ja nicht so, dass die Frauen die Energie für sich behalten? Sie geben sie weiter, an die Kinder.”

Ich nickte.

“Sie wollen sich verteidigen, indem Sie versuchen, eine Rechtfertigung für dieses Schema zu finden. Es gibt aber keine. Über die Kinder werden wir etwas später sprechen. Was die Frauen betrifft ... Meine Aufgabe ist es nicht, einen Schuldigen zu finden. Die Frauen leiden hier ebenfalls. Meine Aufgabe ist es, das Schema aufzubrechen, einen Weg aus ihm heraus zu finden.”

“Ist das überhaupt möglich?”, fragte ein junger Mann, der mir gegenüber saß.

“Absolut.”

“Wie genau leiden die Frauen in diesem Schema?”, fragte der Mann, der die Frage über die Ameisen gestellt hat, lächelnd. Ich lief zum Flipchart und zeigte auf das doppelte Energiezentrum in der Zeichnung.

“In der Zeit, in der eine Frau ihr Kind austrägt, es zur Welt bringt und auch noch während des ersten Jahres oder der ersten eineinhalb, wenn sie es großzieht, kann das zweite Energiezentrum seinen Zweck erfüllen. Später tritt aber unausweichlich der Moment ein, in dem das Kind energetisch selbstständig wird. An diesem Punkt wird das zweite Zentrum für die Frau zu einem Problem.”

Ich ließ meinen Blick durch den Saal schweifen.

“Wenn die Frau nichts mehr hat, an das sie ihre Energie abgeben kann, wird durch die überschüssige Energie zusätzlicher Druck aufgebaut. Viele Frauen fangen dann buchstäblich an, ‘den Verstand zu verlieren’, einige werden zur Karrierefrau, andere zeugen intuitiv noch ein weiteres Kind.”

“Warum kann dann die Frau ihre zusätzliche Energie nicht an den unglücklichen Mann abgeben? Das wäre doch die einfachste Variante!”

Traurig schüttelte ich den Kopf.

“Die Fallen der *Mangen* sind heimtückisch. Diese Variante ist im Energietransit unter den Leuten nicht vorgesehen. Wissen Sie warum?”

Gespannt wartete der Saal auf die Antwort.

“Weil sich darum das ganze System der Zirkulation der dunklen Energie dreht. Darauf basiert das Übertragungsprinzip des dunklen Virus, so wird es von Generation zu Generation weitergegeben.”

“Die Sexualität ist die gefährlichste und heimtückischste Falle der *Mangen*. Haben Sie sich schon einmal gefragt, warum so viele Mythen über den Sündenfall gerade mit der Frau in Verbindung stehen? Haben Sie eine Ahnung?”

Ich wartete ein Weilchen ab, dann fuhr ich fort.

"Durch die Frau kommen die Kinder auf die Welt. In ihrem Leib werden der Körper, die Psyche und die Energetik des künftigen Menschen geformt. Darum geht es in dem recht unbekannten Mythos über Lilith, der ersten Frau. Sie war die Ehefrau von Adam, des ersten Menschen, noch vor der Erschaffung Evas. Später wurde sie zu einer Dämonin und zur Herrscherin über das Reich der Sexualität. Den Legenden zufolge trugen alle Nachfahren Liliths den 'Samen des Teufels' – 'Eizechore' – in sich, der sich später über die Ströme der dunklen Mortido-Energie in der ganzen Menschheit ausbreitete. Das ist auch der Grund dafür, warum alles aus dem Bereich der Sexualität in allen Religionen und magischen Praktiken immer mit Tabus und Sonderregeln belegt war. Das ist kein Zufall. Es ist kein Zufall, dass viele Mystiker die Sexualität mit der Welt der Finsternis verbinden, dass sie mit Fallen übersät ist und dass sie in hohem Maße unser Bewusstsein beeinflusst. Man könnte sogar sagen, dass unser Denken auf einer sexuellen Weltanschauung basiert. Darin unterscheidet sich ein *Mang* von einem *Menschen*. Die Wahrnehmung der *Mangen* ist gestört, einen großen Teil der Energetik assoziieren sie mit Sexualität."

Die Skeptikerin rückte ihre Brille zurecht und fragte ironisch: "Weißt du das aus eigener Erfahrung?"

Ich breitete meine Arme aus.

"Alles, was ich Ihnen hier erzähle, beruht auf eigenen Erfahrungen. Die Dämonen der Sexualität übersehen keinen der Lebenden. Aber darum geht es nicht. Was zählt, ist, wie wir mit diesen Prüfungen umgehen. Ich kann einige meiner persönlichen Erfahrungen als Trainer mit Ihnen teilen."

"Können Sie sich etwa nicht retten vor Verehrerinnen?", die Skeptikerin fühlte sich von diesem Thema eindeutig vor den Kopf gestoßen.

"Glauben Sie mir, Angebote gibt es reichlich", sagte ich lächelnd zu ihr, "im Allgemeinen ist das übrigens sehr charakteristisch in der Trainingskultur. Ich habe es ja schon gesagt, wir assoziieren Macht mit Sex, so funktioniert unsere Wahrnehmung. Das ist wiederum die Falle der *Mangen*. Es liegt in der Natur unserer *Kraftkerne*, dass wir uns unüberwindbar zueinander hingezogen fühlen. Die Verzerrungen in unserem Kopf führen aber dazu, dass wir diese Anziehung in eine völlig andere energetische Form übertragen - in eine sexuelle. Es ist die Form der *dunklen* Energie. Dort sind die Mechanismen zur Übertragung des 'Eizechore' und zur Energieabgabe versteckt. Um also aus der dunklen Welt der *Mangen* auszubrechen, darf unsere Wahrnehmung voneinander nicht mehr sexuell geprägt sein."

Im Saal war Kichern zu hören, vereinzelt gab es auch Kommentare:

"Wie soll das gehen? Was ist mit der Fortpflanzung?"

"Und das Vergnügen?"

"In der UdSSR gibt es keinen Sex ..."

Ich machte eine beschwichtigende Handbewegung.

"Beruhigen Sie sich! Merken Sie, wie Sie diese Sphäre verteidigen? Die Kriterien fürs Vergnügen wurden uns in Wahrheit nur einsuggeriert, eine globale Weltanschauung. Heutzutage sind verschiedene Theorien in Mode, die von der *göttlichen* Natur der Sexualität handeln. Hier liegt aber erneut eine Falle verborgen, denn in der Natur der *Mangen* dient Sex nur zur Unterdrückung und Erschöpfung. Sex ist nur dann göttlicher Natur, wenn sich der *menschliche Kraftkern* in seinem Ursprungszustand befindet. In unserem gewöhnlichen Zustand entsteht durch die sexuellen Energiezentren nur Abhängigkeit und Energieverlust. Das ist auch die Erklärung dafür, warum die meisten Kinder schon mit einem niedrigen Energielevel zur Welt kommen. Mexikanische Magier bezeichnen dieses Phänomen als Folge des 'conda aburrida' - 'sehnsuchtsvoller Koitus'. Vielleicht erklärt genau das die Tatsache, dass die meisten Menschen anfällig für die *Mortido*-Energie sind. Wenn es um sie herum keine ursprüngliche Energie mehr gibt, ist alles von dunkler Energie erfüllt."

“Andrej, wie kann man sich aber von dieser Weltanschauung lösen, wenn sie bereits so fest in unserer Zivilisation verankert ist? Wenn all unsere Instinkte schon damit verbunden sind?”, der Bärtige gegenüber blickte verwirrt auf sein Notizbuch. “Wer wird uns befreien, wenn doch alles in der Gesellschaft schon auf diesem System aufgebaut ist?”

Nachdenklich betrachtete ich die Schemata vor mir. Jetzt waren es nur Zeichnungen, aber in meiner Erinnerung war all das noch lebendig. Es waren echte Mysterien, in denen es Schmerz und Freude gab, Fehler und Errungenschaften, Erkenntnisse und Erschütterungen. Außerdem gab es Dämonen ... Und zwar echte, nicht die, die man sich vorstellt, wenn man über sie spricht. Ich drehte mich zum Saal um.

“Uns unsere wahre Natur zurückzuholen, ist eigentlich viel einfacher, als sich der auferlegten Natur zu beugen.”

“Und dafür müssen wir lediglich den Sex aufgeben?”, fragte der junge Mann aus der zweiten Reihe. Es war deutlich zu sehen, dass ihm dieser Vorschlag nicht sonderlich zusagte.

“Nein. Extreme waren noch nie sinnvoll. Abstinenz ist ebenso gefährlich wie Missbrauch. Haben Sie schon einmal von sexuellem Stress gehört?”

Die Teilnehmer sahen überrascht aus.

“Dieser Stress ist wiederum für Männer weitaus gefährlicher als für Frauen.

“Aber natürlich!”, hörte man die Skeptikerin beiläufig sagen, die nach wie vor in ihr Notizbuch malte.

“Ja, Frauen verfügen über weitaus mehr Kompensationsmechanismen. Bei Männern ist das anders. In der heutigen Zeit mit zahlreichen sexuellen Revolutionen ist es zur Mode geworden, seine Sexualität auf jede erdenkliche Weise zu betonen. Die Sexualität ist überall: auf Werbeplakaten, in Zeitschriften, im Kino, im Internet, im Büro, auf der Straße. Und da unsere Weltanschauung auf einer sexuellen Wahrnehmung basiert, können wir gar nicht anders, als darauf zu reagieren. Darüber hinaus wurde diese Industrie gezielt dafür geschaffen, um die Leute zu sexuellen Aktivitäten anzuregen. Kann die Überstimulation aus bestimmten Gründen nicht befriedigt werden, wird sie ins Unterbewusstsein verdrängt, wo sie eine Art pathologische Verkettung schafft. So oder so werden dabei aber Androgene ins Blut freigesetzt. Zwar nicht in großen Mengen, wie das unmittelbar vor dem Geschlechtsverkehr mit anschließender Befriedigung geschieht, aber in einer mittelhohen Dosierung. Diese Menge ist seltsamerweise eine krebserregende Dosis für unseren Organismus. Durch diesen Mechanismus werden zum einen 'inaktive' Individuen aussortiert, zum anderen werden die Leute zu häufigem Geschlechtsverkehr angeregt, da sie ihn für eine Krebsprävention halten."

"Mensch, was für ein Teufelskreis", grummelte der Bärtige mit einem ratlosen Lächeln. "Oft ist nicht gut und selten auch nicht. Was sollen wir also tun?"

"Das Konzept selbst ändern."

Ich lief durch den Saal.

"Wir müssen das Schema des Energietransits ändern. Wenn unser Energieaustausch nicht mehr darauf beruht, dass wir sexuell getriggert werden, Energie abzugeben, dann durchbrechen wir automatisch den Teufelskreis der sexuellen Unterordnung. Wir müssen lernen, wie wir unsere Mitmenschen auf eine andere Weise wahrnehmen können."

Einige Sekunden lang hielt ich inne und schwieg, während ich mich an ein früheres Ereignis zu erinnern versuchte.

"Machen wir einen kleinen lyrischen Exkurs. Eines Tages, während einer schamanischen Reise, fand ich mich in einer anderen Welt wieder. Dort gab es einen Dämon. Besser gesagt, eine Dämonin. Ein solches Wesen nennen die *Jäger* 'KARAMORA' oder 'MONGELA'. Es war eine Falle, aus der ich eigentlich nicht wieder herauskommen sollte. Die *Mongela* hat mich aber gehen lassen. Wissen Sie, warum?"

Die Teilnehmer warteten gespannt auf die Fortsetzung.

"Weil ich nicht sexuell auf sie reagiert habe. Andernfalls wäre ich ihr vollständig ausgeliefert gewesen, wie auch die Mehrheit der *Mangen* auf dieser Erde. Doch ich hatte Glück, denn ich bin dieser Dämonin früher schon einmal begegnet. Vor langer Zeit, als ich ein Kind war. Und ich war von ihr fasziniert."

"War sie schön?", fragte der Bärtige, der meinen Worten aufmerksam lauschte.

"Schön ist gar kein Ausdruck", brummelte ich, "sie war höllisch schön. Verstehen Sie? Teuflisch. Der gewöhnliche Verstand eines *Mangen* kann einer solchen Schönheit nicht widerstehen. Sie war der Inbegriff von Sexualität. Diese Art von Sexualität, die uns seit der Kindheit eingebläut wird und die unsere Weltsicht prägt. Mein Glück bestand darin, dass meine Gedanken damals als Kind noch nicht sexuell geprägt waren. Deshalb konnte ich die *Mongela* auch im Erwachsenenalter noch genau so wie damals als Kind wahrnehmen. Ich habe sie von ganzem Herzen geliebt, wie ein Kind, mit einer so reinen Liebe, die über Sexualität hinausgeht. Deshalb hat sie mich nicht getötet."

"Sie hat Sie gehen lassen?", fragte der Bärtige.

"Sie hat mich nicht einfach nur gehen lassen. Sie hat mir etwas sehr Wichtiges geschenkt."

Ich blickte auf die still gewordenen Zuhörer. Man hörte nicht bei jedem Seminar, wie der Trainer von seiner Reise zu einer Sexdämonin erzählte.

"Sie hat mir das Leben eines *Menschen* geschenkt. Außerdem hat sie mir dieses Verständnis geschenkt."

Ich nickte in Richtung der Zeichnungen an der Tafel.

"Darum geht es bei INJARA, um das Zusammenwirken zweier *Kräfte*. Die Kräfte der *Mangen* können grundsätzlich nicht interagieren, denn durch den Kokon der Entfremdung sind sie verschlossen. Die *Mangen* können nur dann interagieren, wenn sie den Drang zur Energieabgabe oder zur Unterordnung spüren.

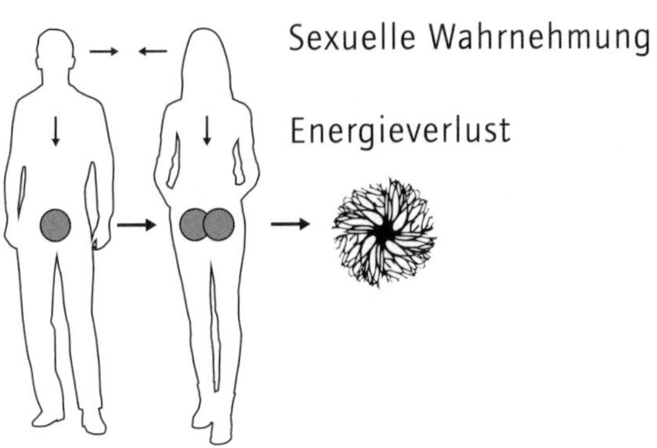

Beim *Menschen* ist das Gegenteil der Fall. INJARA ist das Prinzip der Interaktion, bei welcher weniger der sexuelle Kontakt eine Rolle spielt, sondern die Herzen miteinander kommunizieren. In so einem Fall geschieht das hier ..."

Ich malte das Schema zu Ende.

INJARA

Energieaustausch und Regeneration

Kräftegleichgewicht

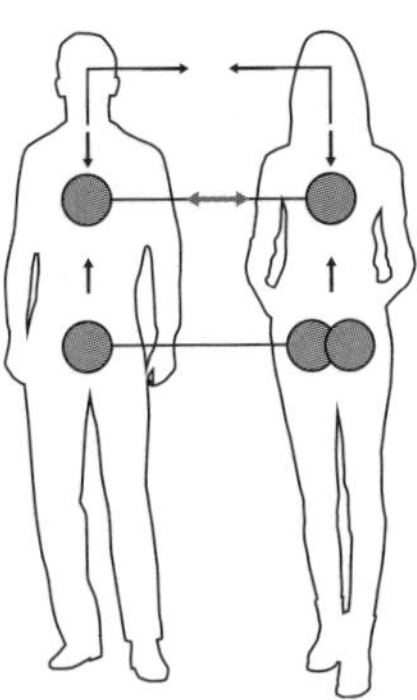

"Schauen Sie, wenn wir unsere oberen Energiezentren füreinander öffnen, dann beginnt die Energie im Kreis zu fließen und es wird ein Kräftegleichgewicht geschaffen. Dann muss der Mann nicht von Liebhaberin zu Liebhaberin rennen auf der erfolglosen Suche nach Energie, womit er in Wirklichkeit nur noch eine weitere pathologische Verbindung aufbaut. Die Frau ist nicht gezwungen, etwas zu finden, in das sie ihre überschüssige Energie stecken kann, denn sie gibt sie jetzt an den Mann ab. Der Austausch miteinander lässt die Energielevel steigen."

Ich umkreiste das Schema.

"Dieses sich gegenseitig ergänzende Kräftespiel kann im Prinzip mit jedem Menschen vollzogen werden. Besonders aber mit einem Nahestehenden, dessen *Kraftkern* mit Ihrem im Einklang schwingt. Nicht aufgrund von Sex, sondern aufgrund Ihrer Herzen."

"Das Schema ist soweit verständlich, aber wie kann man es praktisch umsetzen?"

"Wir haben eine natürliche Veranlagung dafür. Wenn Sie den pathologischen Programmen den Rücken zuwenden und dem *Kraftkern* erlauben, zu seinem einwandfreien Zustand zurückzukehren, so wird diese Art der Kommunikation für Sie Realität."

"Aber wie ist das denn nun jetzt mit der Sexualität?", der Bärtige hob die Hand. "Von jetzt auf gleich lässt sich die Software in unserem Kopf nicht ändern. Andrej, obendrein hast du selbst gesagt, dass sexuelle Enthaltsamkeit zu Krebs führt. Ich habe zum Beispiel sogar gehört, dass Sperma infolge eines langen Samenstaus toxisch wird und die Körperzellen infiziert."

"Das ist richtig. Genau dafür wurde auch das INJARA geschaffen, die Kunst der Kommunikation. Sie besagt, dass wir unsere Gewohnheiten ändern müssen. Ein häufiger Abbau von sexuellem Druck ist nichts anderes als eine Gewohnheit. Wenn es aber einen anderen Weg gibt, ist es möglich, die Gewohnheit zu ändern. Anstatt die Energie abzugeben, müssen wir lernen, wie man sie in eine andere Form umwandelt, wie man einen anderen Kanal für sie findet. Man kann sie zum Bespiel in einem Handwerk, in der Schönheit oder in der Freude transformieren. Anstatt unsere *Kraft* an Parasiten zu vergeuden, müssen wir eine andere Anwendungsmöglichkeit für sie finden. Außerdem kann ungeahnte Lust auch mit Hilfe von Kinästhetik, mit Hilfe von Berührungen erfahren werden. Davon werde ich Ihnen gleich erzählen ..."

“Aber was ist dann mit Kindern? Unbefleckte Empfängnis?”

“Kinder werden mithilfe der Fortpflanzungsorgane gezeugt, daran ist nicht zu rütteln. Diese Organe sollten aber von den Fallen befreit und vom Mechanismus für die Übertragung des dunklen Virus gereinigt werden. Unsere Vorfahren waren sich darüber bewusst und praktizierten deshalb bestimmte Verhaltenstechniken. Diese unterscheiden sich von Kultur zu Kultur. Ich werde Ihnen über das INJARA berichten, die Kunst der *Sibirischen Jagd*.”

Ich setzte mich auf meinen Stuhl und horchte in mich hinein. Mein ganzer Körper war angespannt und von einer durchdringenden Kühle bedeckte. Normalerweise hatte ich solche Empfindungen, wenn sich jemand aus der Welt der Geister in der Nähe befand oder ... wenn sich die *Welle* näherte. Die *Welle* war aber vor ein paar Stunden schon hier gewesen. Meinen Beobachtungen zufolge bewegte sie sich jetzt mit einer Geschwindigkeit, mit der sie den Planeten ungefähr einmal in vierundzwanzig Stunden vollständig umrunden konnte. Das bedeutete ... Ich sah mich zu allen Seiten um und versuchte, den Eindringling auszumachen oder zumindest zu spüren, wo er sich aufhielt. Wer könnte mich hier wohl besuchen? Vielleicht war es die *Mongela*, über die ich erst kurz zuvor gesprochen hatte, das wäre ein unangenehmer Besuch. Wenn Verwandte mich besuchten, spürte ich das auf eine ganz andere Weise. Das hieß, dass dieser Geist uneingeladen hierhergekommen sein musste. Ich ließ meinen Blick durch den Saal schweifen. Die Teilnehmer sahen mich an und warteten darauf, dass ich weiterredete.

“Die *Jäger*, die sich der heimtückischen Natur des dunklen Virus bewusst sind und die die Fallen aus dem Bereich der Sexualität kennen, haben gelernt, wie man das Virus hervorlockt und es neutralisiert. Spontane sexuelle Kontakte sind deshalb bei den *Jägern* nicht üblich. Ich weiß, das ist nicht sehr zeitgemäß, es ist aber bis heute ein Tabu bei den *Jägern*. Den Grund dafür habe ich Ihnen schon erklärt. Der übliche Geschlechtsverkehr entzieht uns Kraft, schafft einen Kanal der Unterordnung und verstärkt das dunkle

Virus. Für diejenigen, die begreifen, was da vor sich geht, ist das absolut inakzeptabel. Also haben die *Jäger* gelernt, Konter-Fallen zu stellen, Fangeisen für das dunkle Virus. In der Kommunikation der *Jäger* gibt es keine sexuellen Hintergründe, Beziehungen zwischen Männern und Frauen beginnen mit einer *Freundschaft*. Auf diese Weise ist es ihnen möglich, die räuberische Natur der *Mangen* aus dem Unterbewusstsein herauszulocken und sie zu offenbaren. In der heutigen Welt hat man keine Zeit mehr dafür, jemanden lange zu umwerben. Alles muss schnell gehen. Können Sie sich daran erinnern, wie es im Film 'Ein gewöhnliches Wunder' heißt: 'Für lange Schmeicheleien habe ich keine Zeit. Sie sind attraktiv, ich bin ... verdammt attraktiv! Warum also Zeit verschwenden? Ich erwarte Sie um Mitternacht ...[26]'"

Bei der Erinnerung an diese Szene mussten alle grinsen.

"An dieser Stelle möchte ich noch einmal die Wichtigkeit eines der ENERHOM-Elemente betonen: Die Kunst des AKSIR, die Wahrnehmung außerhalb der Zeit. Da die Zeit für die *Mangen* eine äußerst wichtige Rolle spielt, ist es für sie unerträglich, ihre Zeit einfach so zu vergeuden. Dazu kommt noch der *Hunger*, der sie zur Eile zwingt. Für das AKSIR aber existiert keine Zeit. AKSIR-Praktizierende verstehen, dass eine echte Verbindung auf mehr beruht als auf gewöhnlichem Sex. Es geht um das Zusammenspiel der *Kraftkerne*, welches nicht gezwungenermaßen in Zusammenhang mit anschließendem Sex oder der Gründung einer Familie steht. Ein Mensch, der sich im Zustand des AKSIR befindet, denkt in anderen Kategorien. Wenn also zwei *Menschen* spüren, dass sie sich sehr *nahe* sind, so entwickelt sich ihre Verbindung außerhalb von Zeit und Raum. Dann werden sie anfangen, nicht mittels ihrer physischen Erscheinung, die im *Mangen*-Zustand a priori als 'fremd' wahrgenommen wird, miteinander zu kommunizieren, sondern mittels der *Lichtschatten*. Wenn es eine echte *Verbindung* ist, dann

---

26) Frei übersetzt, Anm. d. Übers.

spielt Zeit keine besondere Rolle. Wenn es eine *Mangen*-Verbindung ist, bestimmt von Hunger und eigener Illusionen, wird sie früher oder später kaputtgehen. Kennen Sie noch die Redewendung: 'Die Zeit wird alles richtigstellen?' Wenn also ein *Mang* innerhalb von kurzer Zeit seine Energiespeicher nicht auffüllen kann, beendet er die Verbindung und sucht nach einer besseren Möglichkeit. In der Welt der *Jagd* beginnt deshalb alles mit der *Kunst* der *Bewunderung*. Das ist eine besondere Kunst, die die *Schönheit* als *Schlüssel* zur *Ewigkeit* betrachtet. *Bewunderung* ohne das Verlangen nach Besitz – das ist der erste Schritt hin zu INJARA."

Ich schaute mir die Gruppe genau an und betrachtete die Gesichter der Anwesenden. Jeder Einzelne von ihnen war wirklich wunderschön, und zwar ohne Ausnahme, wenn man sie nicht durch den sexuellen Filter betrachtete, sondern mit dem Herzen.

"INJARA, das ist eine ganz andere Art von Energie."

Ich malte einen Kopf mit Augen auf das Papier.

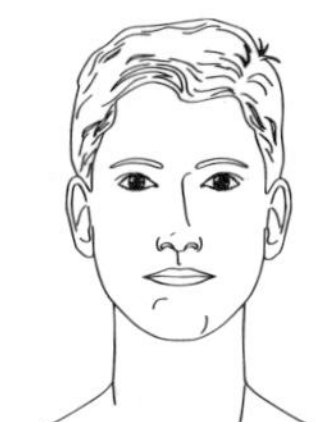

"Wenn einige Zeit vergangen ist und der Genuss der *Schönheit* schon ein paar unsichtbare Verbindungen aufgebaut hat, gehen die *Jäger* zur nächsten *Kunst* über – zur LIEBKOSUNG. Dabei genießt man die gegenseitige Nähe, ohne dass es zum Geschlechtsakt kommt", unter den Kopf malte ich zwei Hände, "Hände sind ein einzigartiges, magisches Instrument für den Energietransit."

“Die Kinästhetik aktiviert die rechte Gehirnhälfte, die für Emotionen verantwortlich ist, und erweckt dabei unsere ursprüngliche Energie. Für den *Mangen*-Verstand ist all das höchst seltsam und manchmal sogar unerträglich. Das dunkle Virus führt dazu, dass der *Mang* die Verbindung entweder abbricht oder dass er bestimmte Ereignisse zu erzwingen versucht. Das Virus leidet. Es kommt zur *Zuspitzung*. Das habe ich Ihnen erklärt, als ich vom ENERHOM erzählt habe, erinnern Sie sich? Wenn sich die *Kraftkerne* also aufeinander einstellen, verwandeln sich die zwei Menschen in der Tat in AKANE. Das wiederum verstärkt die Verdrängung der Virus-Energetik”, ich malte ein Herz in die Mitte des Dreiecks. “Das AKSIR dient in diesem Prozess als Plattform für eine Veränderung des Zeitempfindens.”

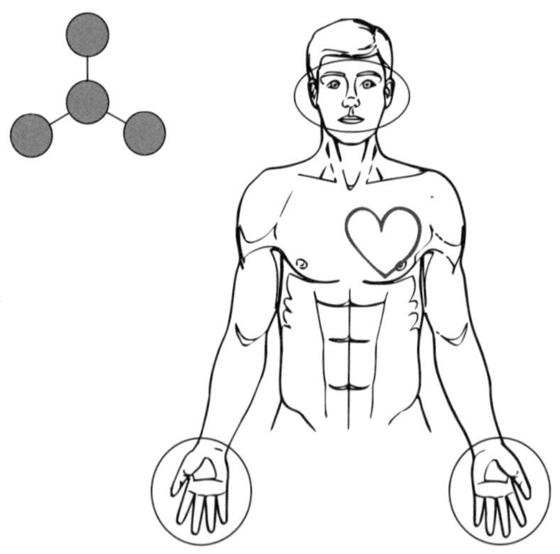

“Die *Liebkosung* ermöglicht es also zum einen, den Energieaustausch auf ein neues Level zu bringen - wenn zwei Menschen einfach nur beieinanderliegen, sich aneinanderschmiegen und dabei Glückseligkeit empfinden können. Zum anderen werden durch sie auch neue neuronale Verbindungen geknüpft, die die fremdartigen Programme verdrängen. Wenn diese Verbindungen entstehen, sind die Leute dazu fähig, ohne Unterordnung und ohne Dominanz ihre gegenseitige Nähe zu genießen. Die Kriegsprogramme werden gelöscht. Die *Kraftkerne* stimmen sich aufeinander ein, so bilden sie ein energetisches Bündnis und vereinen ihr Potenzial. Die dunkle Energie wird aus unserem Raum verdrängt. Das schafft zum ersten Mal die Möglichkeit, die Aktivität des dunklen Virus in unserem Körper deutlich zu verringern. Es wird nicht vollständig aus unserem Körper verschwinden, ich werde nicht lügen. Die Aktivität des Virus wird aber um ein Vielfaches abnehmen, es kann sogar in eine Phase übergehen, in der es 'einschläft'. Immer wenn so etwas passierte, begaben sich die *Jäger* auf eine gemeinsame *Jagd* in die *Lichtschatten*."

"Ist das irgendein schamanisches Ritual?", fragte mich der Bärtige.

"Das könnte man auch sagen, aber eigentlich ist es ein spontanes Ereignis, das infolge der Vereinigung der Potenziale der *Kraftkerne* hervorgerufen wird. Wenn zwei eins werden, dann heben die *Lichtschatten* selbst ihren Vorhang. Das kann nur einen kurzen Augenblick dauern oder es kann sich um einen längeren Prozess handeln. So oder so verstehen die *Jäger*, dass etwas Außergewöhnliches passiert ist, das ein *Zeichen* der Vereinigung ist."

Ich erhob mich aus meinem Sessel und ging zur Tafel.

"Haben Sie dieses Zeichen schon einmal gesehen? Was bedeutet es?"

!

“Das ist ein Ausrufezeichen.”

“Mit diesem Zeichen hat man früher in Chroniken die Menschen gekennzeichnet, die bereits verstorben waren. Die verzerrten *Mangysen* haben uns dieses Zeichen als ein Ausdruck ihrer stärksten Emotionen untergejubelt. Was ist mit diesem Zeichen?”

“Der lateinische Buchstabe ‘i’.”

“Ein lebender Mensch?”

“Genau so ist es, das ist das Symbol für einen lebenden Menschen. Kennen Sie diese Zeichen?”

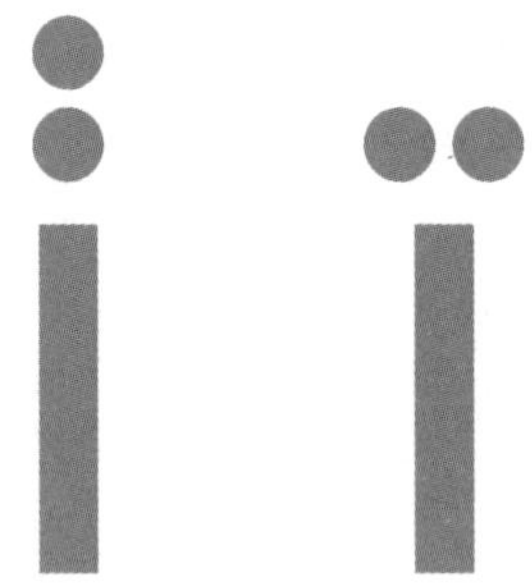

“Wenn zwei eins werden?”

“Genau, so wird die nächste Ebene der *Jäger* grafisch dargestellt. Auf dieser Ebene können eine Frau und ein Mann das praktizieren, was wir eine sexuelle Beziehung nennen. Die *Jäger* sprechen aber von KOITUS - wenn zwei Menschen ihren Weg gemeinsam gehen. Das lateinische COITUS bedeutet so viel wie 'zusammengehen'."

"Bis es so weit ist, kann aber viel Zeit vergehen ... Ich versuche, mir nur ein klares Bild zu verschaffen", sagte der Bärtige verlegen auf seinem Platz, "was ist dann mit dem Samenstau?"

Lachen war im Saal zu hören.

"Ja, das kommt vor", sagte ich, "aber erstens, und das haben Sie schon verstanden, ist das etwas, worüber sich ein *Mang* mit seinen alten Denkmustern Sorgen macht. Zweitens kann man übermäßigen sexuellen Druck auch im Prozess der *Liebkosung* abbauen. Nur nicht durch Kontakt der Sexualorgane. Dafür gibt es viele verschiedene Möglichkeiten, die wir heute aber nicht besprechen werden."

Erneutes Gelächter. Unser Thema war kein einfaches, Lachen war deshalb das beste Mittel zur Entspannung.

"Gut, aber womit soll man denn nun beginnen? Was ist der erste Schritt in Richtung INJARA?", der Bärtige schaute wieder auf seine Notizen, als würde er dort ein leichter verständliches Schema anfertigen, "einfach befreundet sein und das ist alles?"

"Nein, 'einfach befreundet sein' könnte etwas schwierig sein. Der erste Schritt in Richtung INJARA ist, dass wir aufhören, uns gegenseitig durch unsere gewohnten Filter zu sehen, und dass wir uns von sexuellen Reaktionen lösen. Dafür gibt es eine einfache Methode. Einen Moment, ich zeige es Ihnen."

Ich winkte den Bärtigen zu mir. Dieser stand verlegen auf und blickte sich etwas verloren im Saal um. Alle waren unruhig. Er lief zu mir, stellte sich mir gegenüber und wusste vor Betretenheit nicht, was er mit seinen Händen tun sollte. Ich wandte mich ihm zu und schaute ihm direkt in die Augen.

"Viele von Ihnen versuchen, dieses Bild jetzt in den Kategorien eines *Mangen* zu beurteilen: Wie kann ein Mann mithilfe eines anderen Mannes zeigen, wie der erste Schritt zu INJARA aussieht? Stimmt's? Automatisch haben Sie das INJARA-Konzept einer sexuellen Ebene zugeordnet. Aber ich habe es bereits gesagt, INJARA, das ist die *Kunst* der Kommunikation. Sie ist nicht auf sexuelle Interaktionen beschränkt. Obwohl das der erste Gedanke war, den die meisten hatten. Und wenn ein Mann zu einem anderen 'Ich liebe dich' sagt, ist die einzige Interpretation, die keine anderen Varianten in Betracht zieht: Homosexualität. Wenn wir aber *tiefer* blicken, hinter das Bild, hinter den Körper, ist es möglich, die sexuelle Wahrnehmung abzulegen. Hinter der Erscheinung des *Mangen* eine *lebendige Seele* zu erkennen, das ist der erste Schritt hin zu einer Kommunikation mit dem Herzen."

Ich trat dicht an den Bärtigen heran und umarmte ihn.

"Ich *liebe dich, lebendige Seele ...*"

In diesem Moment spürte ich eine ganze Palette an Empfindungen:

Ich spürte, wie sich ein Mann der Umarmung eines anderen Mannes hingab, ohne dass daran etwas Abstoßendes war. Genauso hatten sich schließlich Krieger vor dem Kampf oder danach aus Freude über den Sieg umarmt. So umarmten sich Freunde. So umarmten sich Menschen, die sich nahestanden.

Ich spürte, wie schwer es ihm fiel, die alten Gewohnheiten zu brechen, und die Worte zurückzugeben: 'Ich *liebe dich* auch, *lebendige Seele ...*'

Ich spürte, wie der Saal erstarrte beim Anblick zweier Menschen, die die Grenzen der üblichen Assoziationen durchbrachen.

Ich spürte, wie erneut eine kalte Elektrizität durch meinen Körper ging und mir signalisierte, dass sich ein Eindringling im Raum befand ...

Fünfter Teil

DSHAKSIN
DIE KRAFT DER LEERE

LIEBE

"Meine Liebe ist einfach.
Meine Liebe sieht nur einer von hundert."[27]

Aus dem Lied 'Otec jablok' (dt.: *Vater der Äpfel*) der Band Aquarium

---

27) Eigene Übersetzung, Anm. d. Übers.

"Der fünfte Punkt befindet sich im Zentrum des Rhombus, zwei Linien kreuzen sich in ihm, durch sie werden alle Punkte der Zeichnung miteinander verbunden."

Der Seher vollendete die Figur.

"Der *fünfte Ring der Kraft* heißt 'DSHAL'. Das ist die *Lebenskraft*, die entsteht, wenn man alle Etappen dieses *Weges* durchlaufen hat. Dieser Punkt ist das Zentrum des Gleichgewichts. Es ist der direkte Weg zum *Höchsten Geist*. Es ist das, was in der Welt der *Menschen* LIEBE genannt wird."

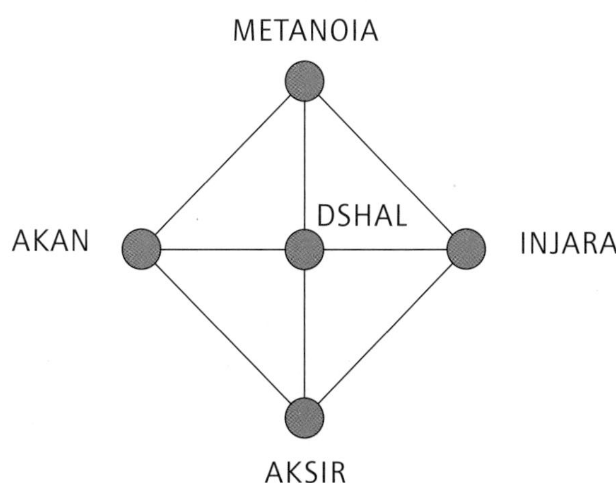

Training

BERÜHRUNG MIT DER TIEFE

(Moskau, Frühling 2015)

"Das wahre Leben eines Menschen ist das, von dem er noch nicht einmal etwas ahnt."[28]

Samuel Butler

Ein paar Stunden voller Spiele und Übungen, die nötig waren, um die Anspannung von der mehrstündigen Arbeit im Sitzen abzuwerfen, waren wie im Flug vergangen. Ich versammelte alle in einem Kreis.

"Es ist an der Zeit, ein paar Ergebnisse festzuhalten. Ausgehend von dem ENERHOM-Konzept weist unser Training folgendes Modell auf."

Ich schrieb an die Tafel.

METANOIA

---

28) Eigene Übersetzung, Anm. d. Übers.

"Der Informationsteil. Hier haben wir überlegt, was Sie dazu bewegen kann, viele Ihrer alten Einstellungen zu überdenken. Das ist die METANOIA. Wir beginnen in der Teilpersönlichkeit B, von wo aus wir uns in die Teilpersönlichkeit A begeben."

AKAN

"Als Trainer trete ich in der Rolle des *Begleiters*, in der Rolle des AKAN auf. Wenn Sie Ihr inneres Einverständnis geben und die feste *Absicht* haben, die Welt der *Jäger* zu erfahren, dann erhalten Sie beim Training einen unsichtbaren *Impuls*. In diesem Moment können Sie mit den *Lichtschatten* in Berührung kommen, wo irgendetwas passieren wird. Niemand weiß, was das sein wird. Meistens begegnen Sie bei diesem Treffen denjenigen, die Ihnen nahestehen: Beschützer, Totems, Verwandte. Danach kehren Sie nach Hause zurück, in die Teilpersönlichkeit B. Sie beherrschen jetzt aber schon zwei Künste: AKSIR und INJARA, die Ihnen dabei helfen werden, Ihr Wissen, das Sie beim Training und in den *Lichtschatten* erlangt haben, zu vertiefen. Wenn der ENERHOM-Prozess in Gang gesetzt wurde, dann wird alles Weitere von selbst geschehen, wenn Sie ihn nicht durch Ihre alten Einstellungen wieder stoppen. Dafür ist eine gewisse Disziplin nötig, die vollständig von Ihnen allein abhängt. Wenn Sie sie nicht einhalten können, wird sich der AKAN-Impuls genauso unmerklich wieder verflüchtigen, wie er gekommen ist. Wenn Sie Ihrem *Kraftkern* gestatten, sich zu entfalten, wird in Ihnen früher oder später ein Gefühl der *Kraft* aufkommen. Sie werden anfangen, Manifestationen dieser *Kraft* zu bemerken, und ihre Anwesenheit spüren. Von den *Jägern* wird sie 'DSHAL' genannt – KRAFT DER LEERE, WIND oder HÖCHSTER GEIST. Die Altai-Schamanen verehrten eine besondere Kraft, die sie 'JAL' oder 'JALBI' nannten, was übersetzt ebenfalls 'Wind' bedeutet. Die Seele eines verstorbenen Schamanen nannten sie 'JAL SYLKYN' – 'leichte Brise'. Die *Jäger* verehren diese *Kraft*, da sie eine lebendige Verbindung zum *Höchsten Geist* ist. Sie bildet den zentralen *Ring* der *Kraft*, den *Gleichgewichts*punkt. Es ist eigentlich unmöglich, über sie zu sprechen, man muss sie erfahren."

Ich verstummte und schloss für einen Moment die Augen. Wieder spürte ich deutlich ein Gefühl von Elektrizität auf der Haut. Dieses Mal war es stärker als noch ein paar Stunden zuvor. Wer bist du, Unbekannter? Und warum bist du hier? Ich öffnete die Augen.

"Ich möchte jetzt das letzte Ritual mit Ihnen durchführen, das Berühren der *Lichtschatten*. Ob Sie daran teilnehmen wollen oder nicht, müssen Sie selbst entscheiden. Diejenigen, für die das bisher erhaltene Material ausreichend ist, können das Seminar etwas früher verlassen."

Alle in der Gruppe entschieden sich dafür zu bleiben. Wir bildeten einen Kreis und setzten uns auf den Boden. Ich schaltete das Licht aus und gab die letzten Anweisungen.

"Während dieses Rituals werden sich die Grenzen der uns vertrauten Welt für einige Sekunden lang öffnen. Wir werden sanft den Raum berühren, den die *Jäger* die *Lichtschatten* nennen. Dieser Raum ist das Portal zwischen den 'Matrjoschkas', zwischen den Welten. Die *Lichtschatten* werden mit Ihnen kommunizieren. Mit jedem auf eine andere Weise, in Abhängigkeit vom Grad Ihrer Offenheit und der Kraft Ihrer *Absicht*. Versuchen Sie, so gut es geht loszulassen. Bewerten Sie nicht, was Sie sehen. Lassen Sie sich vom Strom der Empfindungen mittragen. Mit den gewöhnlichen Sinnesorganen können die *Lichtschatten* nicht wahrgenommen werden. Noch schwieriger ist es, sie mit der Logik unseres Verstandes zu erfassen. Man muss bereit sein, sich zu öffnen."

Ich spüre, wie die unsichtbare Elektrizität näher kam, als hätte sich der Geist auf mich zubewegt. Nun gut, du und ich werden uns gleich in den *Lichtschatten* treffen ...

"Ich habe noch zwei wichtige Anweisungen. Erstens, wir werden uns an den Händen fassen und egal, was auch passiert, lassen Sie nicht los, bevor ich es Ihnen sage. Die zweite Anweisung. Obwohl wir im Dunkeln sitzen, müssen Ihre Augen fest geschlossen bleiben. Selbst wenn Sie den Eindruck haben, dass sich außer mir noch jemand im Kreis befindet, dürfen Sie die Augen auf keinen Fall öffnen. Mit Ihren physischen Augen werden Sie ohnehin nichts sehen können. All das, was hier gleich passieren wird, ist für Ihre inneren Augen bestimmt."

Ich lief den Kreis entlang und sah durch die Dunkelheit, wie die Teilnehmer sich an den Händen fassten.

"Dieses Ritual ist in der Tat der wichtigste Teil des Trainings. Alles andere war ein notwendiger Auftakt, um Ihre *Absicht* zu demonstrieren. Haben Sie also keine Angst. Lassen Sie los. Beobachten Sie ... Ihre Gefühle, die Bilder in Ihrem inneren Raum. Fangen wir also an ..."

Ich klatschte in die Hände. Sofort veränderte sich der Bewusstseinszustand, hier und da begannen die Augen zu funkeln, als ob im Neonlicht silbrige Konfetti schimmern würden. Wie Diamantstaub auf Feenflügeln. Tiefes Atmen. Ich holte eine Figur hervor, die die *Jäger* 'Geisterfänger' nennen. Die Welt fing nun an, ihre geheimen Wege zu enthüllen. Ich ließ mich gehen, während ich fühlte, wie die durch mich fließende *Kraft* ihr faszinierendes Mysterium begann.

Ein schwarzer Schatten tauchte im Innern des Kreises auf. Er war immer einer der Ersten. ARCHIE. Mein lange verstorbener Hund, der, wie sich herausstellte, immer in meiner Nähe war. Hinter ihm tauchte wie aus dem Nichts BORK auf, der Wolf, der eineinhalb Jahre lang mit mir am Telezker See gelebt hatte. Eines Tages war er weggelaufen, in die Taiga, und erst sehr viel später hatte ich ihn in der anderen Welt wiedergetroffen. Die beiden waren meine treuen *Behüter*. Sie erschienen jedes Mal, wenn ich die Tore zu den *Lichtschatten* öffnete. Die beiden liefen zu mir und setzten sich neben mich. Ich lächelte meinen Geistern zu und spürte auf wundervolle Weise die Nähe verwandter Wesen. Der Raum im Kreis leuchtete auf und glich plötzlich einem Kaleidoskop. Ich konnte nur undeutliche Formen derer erkennen, die sich zu den Teilnehmern des Rituals gesellten. Denn es waren nicht meine *Erscheinungen*, sondern ihre. Ich konnte lediglich manchmal Geräusche hören, die von der anderen Welt herübergetragen wurden: das Prasseln von Feuer, das Murmeln eines Baches, jemandes leise Stimme, Musik, das Brüllen eines wilden Tieres ... Ein einzigartiges Mysterium spielte sich in der Mitte des Kreises ab: Geister und Menschen trafen sich an der Grenze zwischen zwei Welten, um sich gegenseitig zu spüren, vielleicht sogar, um sich zu sehen oder zu hören. Ich drehte mich zu allen Seiten um. Ein plötzliches Piksen von Nadeln auf meiner Haut erinnerte mich wieder an den Fremden. Ich sah mich noch einmal um, konnte aber keinen Unbekannten ausmachen. Das bedeutete, dass er nicht zu mir gekommen war. Sogleich wurde meine Aufmerksamkeit auf Witalij gelenkt, der ein paar Meter rechts von mir saß. Die Haare auf meinem Körper stellten sich auf wie die Stacheln eines Igels. Die Bilder um mich herum wurden unruhig, als würde aus der Tiefe der *Lichtschatten* ein starker Wind herüberwehen. Witalij saß bewegungslos da, nur das leichte Zittern seines Kopfes und Halses verrieten seine enorme innere Anspannung in diesem Moment. Es schien, dass der unsichtbare Draht, der die kalte Elektrizität auf mich abgab, auch ihn berührte. Ich versuchte, ein bisschen tiefer in die *Lichtschatten* einzutauchen und zu Witalij zu gelangen. Sogleich konnte ich die Gestalt einer dunklen Figur sehen, die direkt hinter ihm stand. Die Figur breitete die Arme aus, als wollte sie den Mann umarmen, beugte sich nach vorn und hing über ihm wie ein Gargoyle. Die KARAMORA!

Davon hat Elvira also gesprochen. Deshalb war Witalij selbst gekommen. Er war tatsächlich gekommen, weil er Hilfe brauchte.

Die Hexe befand sich die ganze Zeit in seiner Nähe. Die schwarze Kapuze, unter der anstelle eines Gesichtes ein Loch klaffte, drehte sich langsam zu mir um, als ob sie wüsste, dass ich sie sehen konnte. Wie mechanisch schluckte ich etwas Speichel hinunter und bemerkte einen widerlichen metallischen Geschmack im Mund. Das war also der Geist, den ich im Saal gespürt hatte. Als ich Witalij anschaute, wurde mir bewusst, dass sich sonst niemand in seiner Nähe befand. Das kam selten vor. Wenn er weder *Beschützer* noch sonst jemanden aus seiner Familie hatte, dann müsste eigentlich zumindest irgendein verstorbener Zöllner da sein. Außer der Hexe war aber niemand bei Witalij, was seltsam war. Es war das erste Mal, dass so etwas in meinem Kreis der *Lichtschatten* vorkam. Dieser Raum war geschützt vor *dunklen Wesen*. ARCHI und BORK beobachteten die Sache aufmerksam. Wie war sie nur hierhergekommen? Ich richtete mich langsam auf, aber im selben Moment sprang auch BORK auf und rannte zu Witalij. Ich konnte sein leises Knurren hören. Gleich würde er das fremde Wesen von hier vertreiben. Ich blieb, wo ich war, und fühlte, wie meine Knie zitterten und sich mir der Magen umdrehte. Das war unmöglich! Diese Empfindungen ... Sie konnten nicht mit der Hexe in Zusammenhang stehen. Das war etwas anderes ... So fühlte es sich nur an, wenn ... Ich riss vor Verwunderung die Augen weit auf. Direkt aus der Wand des Seminarraums kam der Schleier der *dunklen Welle* auf mich zu! Zum zweiten Mal an einem Tag! Damit hatte ich nicht gerechnet, weshalb ich ihr Kommen auch nicht bemerkt hatte. Die *Lichtschatten* erzitterten und verschwanden für einen Augenblick. Die *Welle* fegte durch den Saal, und nachdem sie durch mich hindurchgegangen war, verschwand sie wieder. Ich stützte ein Knie am Boden ab und versuchte, die Kontrolle über die *Lichtschatten* zurückzubekommen. Das Letzte, was ich in der anderen Welt gesehen hatte, war die graue Gestalt von BORK gewesen, der vor Witalij gesessen hatte. Dieser lächelte nun. Niemand war mehr hinter ihm. Die Hexe war verschwunden, warum blieb BORK dann aber neben ihm sitzen? ...

Das Licht war an, die Hände waren gelöst, die Augen geöffnet. Die Leute saßen schweigend da und verarbeiteten das Erlebte. Ich stand in der Mitte des Kreises. Ein paar Lichtreflexe der *Lichtschatten* tanzten noch immer vor den Augen.

"Hat irgendjemand etwas Ungewöhnliches gesehen? Möchten Sie Ihre Erfahrungen mit uns teilen?"

Manchmal war es notwendig, über das Gesehene zu sprechen, damit man die Erfahrungen in ein anderes Wahrnehmungsregister übertragen konnte. Andernfalls verflogen sie einfach und verschwanden wie flüchtige Halluzinationen. Langsam kamen die Teilnehmer wieder zu sich.

"Ich habe ein großes Lagerfeuer in der Mitte des Raumes gesehen."

"Ich bin über die Taiga geflogen."

"Ich habe einen Schamanen gesehen."

"Ach, und hinter mir ist jemand auf weichen Pfoten gelaufen."

"Andrej, die Geräusche, haben Sie die von sich gegeben? Und das Rieseln von Sand?"

"Also ich hatte einen ganz deutlichen Geruch von Harz in der Nase."

Ich ließ meinen Blick über die Gesichter schweifen und blieb bei der Skeptikerin hängen. Sie saß im Kreis und wischte verstohlen ihre Tränen weg. Als sie meinem Blick begegnete, hob sie die Schultern:

"Ich möchte nichts erzählen. Es ist zu persönlich ..."

Ich nickte. Der Sarkasmus und die Ironie, die ihre große, im Innern versteckte Angst verraten hatten, waren aus ihren Zügen verschwunden. In den *Lichtschatten* wurden die Leute, wenn auch nur für einen Moment, zu denen, die sie unter den sorgfältig aufgesetzten Masken einmal waren.

"Ich habe rein gar nichts gespürt, ist das normal?"

"Ich hatte einen Krampf. Es fühlte sich an wie ein Nadelstich."

Ich ging zu dem Mädchen und hielt meine Hand über die schmerzende Stelle.

"Das ist eine Blockade. Manchmal bringen die *Lichtschatten* das, was wir sorgfältig maskieren, an die Oberfläche. Sollte es in einer halben Stunde nicht besser sein, gehen Sie morgen zum Arzt. Vielleicht wird eine kleine Krankheit zutage kommen. Das ist besser, als sie in sich zu tragen. Soll sie nur herauskommen."

"Mich hat es einmal so geschüttelt, als würde mich ein blanker elektrischer Draht berühren ... Es hat mich wie eine Welle überkommen."

Ich drehte mich um. Es war der Bärtige. Unsere Blicke trafen sich und wir lächelten uns an. Ich hörte den Teilnehmern zu, in meinem Kopf aber schlug nur ein einziger Gedanke wie ein wilder Vogel um sich: Woher war diese *Welle* gekommen? Hatte sie etwa so schnell Geschwindigkeit aufgenommen, bewegte sie sich jetzt so viel schneller oder ... War es vielleicht so, wie Danilytsch erklärt hatte? Das würde bedeuten, dass diese Welle wirklich eine andere war. Und dass es schon ZWEI gab! Eine MULTIWELLE ... Mit der Zeit würde es mehr und mehr von ihnen geben. Sie würden nicht aufhören. Darüber würde ich nachdenken müssen.

Dann wandte ich mich Witalij zu. Jener sah mich nachdenklich an, als würde er seine Empfindungen analysieren. Als er meinen Blick bemerkte, nickte er mir zu und erinnerte mich damit an die versprochene Unterhaltung. Ich winkte ihm zu. Dann stand ich auf und ging in die Mitte des Kreises.

"Liebe Freunde, das Training ist hiermit abgeschlossen, aber das, was heute hier geschehen ist, nimmt erst seinen Anfang. Wenn Sie nicht Ihr Einverständnis geben, wird der Prozess hier enden, noch bevor er richtig begonnen hat. Wenn Sie ihm erlauben, sich zu entfalten, dann ... Na ja, das werden Sie selbst herausfinden. Vergessen Sie nicht, jeder hat seinen eigenen *Weg*.

Und jeder trägt die Verantwortung dafür selbst. Vielleicht wird das, was ich heute mit Ihnen geteilt habe, Ihnen auf Ihrem Weg helfen, das würde mich freuen. Sollten Sie der Ansicht sein, dass all das keinen Nutzen für Sie hat, dann werfen Sie es, ohne zu zögern, aus Ihrem Leben. Doch ganz gleich wie sich unsere *Wege* entwickeln werden, ich möchte Ihnen, allen Anwesenden sagen, dass wir nicht zufällig gemeinsam in diesem Seminar waren. Solche Treffen sind niemals Zufall – zu einer bestimmten Zeit an einem bestimmten Punkt des Raumes. Im neuen *Zyklus* werden die Welten beginnen, sich anzunähern. Verwandte, Nahestehende oder zukünftig verbundene Seelen werden sich gegenseitig anziehen, um sich wiederzusehen oder irgendwelche früheren Knoten zu lösen. Aus diesem Grund ist dieses Treffen im Zentrum des *Universums* sehr wichtig für uns alle. Ich danke Ihnen für alles und ... ich *liebe* Sie sehr, *lebendige Seelen* ..."

Alle machten sich auf den Weg, die Hektik nach dem Training begann nachzulassen. Nur die Ordner, die den Saal wieder aufräumten, Witalij und ich waren noch hier. Lächelnd kam er zu mir und schüttelte den Kopf:

"Andrej, weißt du was ... Ich bin mit einigen Fragen zum Training gekommen und verlasse es wieder mit anderen Fragen. Die vorherigen sind immer noch da, aber nicht alle. Ein Teil von ihnen hat sich einfach aufgelöst. Hör mal, fünf Minuten sind zu kurz, um sich zu unterhalten. Vielleicht sollten wir irgendwohin gehen und essen? Ich kenne ein wunderbares Restaurant. Dann kannst du auch mal richtig essen, denn ständig diese Snacks ... Und ich kann meine Gedanken sortieren und dich ein wenig ausfragen."

Ich lächelte zur Antwort. Solche Treffen sind kein Zufall. Wäre BORK nicht vor ihm sitzen geblieben, nachdem die *Karamora* verschwunden war, hätte ich der Sache keine Bedeutung beigemessen. Aber die Tatsache, dass mein *Behüter* zu ihm gegangen war, hatte seinen Grund. Das veränderte alles.

“Gehen wir! Nur eine Sache möchte ich wissen. Was hast du in den *Lichtschatten* gesehen?”

Witalij dachte nach und sagte dann etwas unsicher:

“Am Anfang hatte ich große Angst. Weißt du, so wie in der Kindheit, im dunklen Zimmer. Die Eltern sind bei sich im Schlafzimmer, ich bin im Kinderzimmer und in der Dunkelheit ist noch jemand. Jemand *Unheimliches*. Jemand *Unsichtbares*.”

Ich nickte. Witalij dachte wieder nach.

“Aber dann war die Angst verschwunden. Mir war, als hätte jemand, der zu mir gehört, den Raum betreten. Dieser Jemand war stark und mit mir verbunden. Er hat das Monster aus der dunklen Ecke vertrieben. Ich glaube, es war ein Hund, vielleicht sogar ... ein Wolf. Ja, ich glaube ich habe einen Wolf vor mir gesehen. Er hat sich hingesetzt und mich angeschaut.”

“BORK”

“Was?”, Witalij sah mich verwundert an.

Ich lächelte und sagte noch einmal:

“Sein Name ist BORK ...”

Alle Informationen
finden Sie hier:

www.korobeishchikov.com

Über den Autor

Andrej W. Korobeishchikov ist ein in Sibirien und im Altai berühmter Schriftsteller. Er ist Spezialist dafür, die verborgenen Fähigkeiten des Menschen an die Oberfläche zu bringen. Zwölf Jahre lang war der Autor tief in die Tradition der Sibirischen Jagd eingetaucht und hat die Philosophie und die praktischen Fertigkeiten der TAI-SHIN Jäger-Krieger erlernt. Nachdem er in die Gesellschaft zurückgekehrt war, gründete Korobeishchikov die sogenannte "Gorodskaja Ochota" (dt.: "Städtische Jagd"), ein System, in welchem er das enorme Wissen, das er in der Taiga im Altai erworben hatte, an das moderne städtische Leben angepasst hat. Indem der Autor seine mystischen Erfahrungen mit seinem beruflichen Wissen als Informationsanalyst vereint, untersucht er die Schattenseiten der modernen Gesellschaft und enthüllt schockierende Fakten einer fatalen Abhängigkeit der Bürger.

Aus Andrej Korobeishchikov schöpferischer Tätigkeit sind bis jetzt 28 Bücher hervorgegangen, die zum einen die Existenz einer Parallel-Zivilisation unter uns offenlegen, und zum anderen praktische Empfehlungen beinhalten, die es dem Menschen ermöglichen, seine Identität zu bewahren.

www.korobeishchikov.com

232 Seiten, broschiert
ISBN 978-3-89845-154-3
€ [D] 14,90

Vadim Zeland

Transsurfing

Realität ist steuerbar

Dieses Buch löste in Russland eine wahre Revolution aus. Die Realität ist steuerbar! Wir alle glauben, wir seien abhängig von den äußeren Umständen – dabei ist es genau umgekehrt! Ihre innere Wirklichkeit kreiert die äußere Realität. So erfüllen sich Wünsche, Träume verwirklichen sich ...
Transsurfing ist eine mächtige Technologie zur Realitätssteuerung. Alle, die sich mit Transsurfing beschäftigen, erleben eine Überraschung, die an Begeisterung grenzt. Die Umgebung eines Transsurfers verändert sich beinahe augenblicklich auf eine unbegreifliche Weise.
Das hat nichts mit Mystik zu tun. Das ist real.

572 Seiten, broschiert
ISBN 978-3-89845-494-0
€ [D] 19,95

Vadim Zeland

Ausstieg aus dem technogenen System

Vadim Zeland macht klar, dass technischer Fortschritt nicht dem Menschen sondern nur dem System selbst dienlich ist und zeigt Ihnen, wie Sie sich aus dem System ausklinken können. Er bietet Ihnen dadurch die Chance, Ihre individuelle Lebensqualität zu steigern. Entdecken Sie, wie Sie sich von den Abhängigkeiten und Konventionen des Systems loslösen können. Ihr Bewusstsein wird wieder frei, die Kraft Ihrer Intelligenz und Ihrer Kreativität wird steigen und es wird Ihnen nicht mehr schwerfallen, Ihre Ziele zu erreichen.

280 Seiten, gebunden
ISBN 978-3-89845-040-9
€ [D] 14,90

Wladimir Megre

Anastasia – Das Wissen der Ahnen

Warum steht so vieles nicht in den Geschichtsbüchern? Wie wurde die Welt, wie sie ist? Was können wir tun?
Auf diese Fragen gibt Anastasia unter anderem Antworten. Sie fordert die Menschen dazu auf, sich von irrealen Vorstellungen und Okkultismus zu lösen. Die Welt, wie wir sie zu sehen glauben, ist nicht die wahre Welt. Diejenigen, die wir als Herrscher wahrnehmen, sind nicht die wahren Herrscher. Auf den der Menschheit vorbestimmten Weg, den Weg, den unsere Ahnen noch kannten, zurückzukehren, bedeutet, diesen wahren, machtbesessenen Herrschern die Herrschaft zu entziehen. Dieser Weg ist der Weg zu Frieden und Glück für alle Menschen und für den Kosmos.

144 Seiten, mit Farbteil, broschiert
ISBN 978-3-89845-624-1
€ [D] 12,00

Ewgenij Titow

Die Sibirische Zeder

Die »Königin der Taiga« und die Kostbarkeiten der Zedernnüsse

In diesem Ratgeber zeichnet der Autor ein umfassendes Bild der »Königin der Taiga« und beschreibt anschaulich die verschiedenen Arten, das breite Spektrum an heilenden Wirkungen in den Nüssen, den Nadeln, dem Harz, dem Holz und den ätherischen Ölen und originelle Landschaftsgestaltungen mit der Zeder. So macht er Lust darauf, die majestätischen Bäume auch im eigenen Garten anzusiedeln.
Ein umfangreiches, lehrreiches und auf dem deutschen Markt einzigartiges Kompendium über die »Königin der Taiga«.

384 Seiten, mit Farbteil, gebunden
ISBN 978-3-89845-636-4
€ [D] ca. 28,00

Bernd Senf

Die Wiederentdeckung des Lebendigen

Die Erforschung der Lebensenergie durch Reich, Schauberger, Lakhovsky, Schmidt, Plocher, Herbert und Knapp

Die Entdeckung der Lebensenergie durch Wilhelm Reich sowie die Forschungen von Viktor Schauberger und Georges Lakhovsky ermöglichen ein grundlegendes Verständnis lebendiger Prozesse und ihrer Störungen in uns, zwischen uns und in der »äußeren« Natur sowie der Entstehung von Gewalt. Und sie zeigen Wege der inneren und äußeren Heilung.
Die Wiederentdeckung der Lebensenergie in uns eröffnet Perspektiven, die die Menschen und die Erde wieder heilen lassen.

320 Seiten, gebunden
ISBN 978-3-89845-602-9
€ [D] 22,00

Peter Bahn & Heiner Gehring

Der Vril-Mythos

Geheimnisvolle Urkraft, Raumkraft & Lebensenergie

"Vril" ist die geheimnisvolle Urkraft, Raumkraft und Lebensenergie. Was ist dran an diesem "Vril-Mythos"? Dieser Frage gehen die Autoren in Form fundierter Quellenrecherche nach.
Orden, Logen und Geheimgesellschaften treten immer wieder ins Blickfeld bei der Suche nach dem durchaus wahren Kern des Vril-Mythos, der u. a. in den zeitgenössischen Forschungen und Erfindungen zur freien Energie weiterlebt.
Die Autoren zeigen die verblüffenden Parallelen des Vril-Konzeptes zur Orgonomie Wilhelm Reichs und zu anderen therapeutischen und energetischen Anwendungsmöglichkeiten auf.

320 Seiten, gebunden
ISBN 978-3-89845-113-0
€ [D] 21,90

Johannes von Buttlar & Trutz Hardo

Supersurfing – Reisen durch Raum und Zeit

Dies ist das erste zusammenfassende Buch, das dem Leser die Technik vermittelt, wie man sowohl Reisen außerhalb seines Körpers in die Nähe und Ferne als auch Zeitreisen in die verschiedensten vergangenen und zukünftigen Leben erfolgreich durchführt. Reisen durch Raum und Zeit bedeutet Aufbruch ins holistische Zeitalter.

Erweitern Sie Ihre Erlebnisgrenzen. Dieses Buch gibt Ihnen die Praxis in die Hand, wie Sie die Grenzen von Zeit und Raum durchbrechen können, um die aufregendsten Abenteuer gefahrlos erleben zu können.

272 Seiten, broschiert
ISBN 978-3-89845-254-0
€ [D] 14,90

Vadim Tschenze

Übersinnliche Phänomene

Mystische Begebenheiten aus der Anderswelt

Fast jeder hat in seinem Leben schon einmal etwas Unheimliches erlebt, wofür es scheinbar keine Erklärung gibt ... In seinem neuesten Buch sammelt Bestsellerautor Vadim Tschenze zahlreiche solcher Erfahrungen, die er selbst erlebt hat oder von denen ihm Kunden in seiner Praxis berichtet haben. Zu jedem Ereignis gibt er auf seine gewohnt pragmatische Art eine aufschlussreiche Erklärung und liefert so Antworten auf viele Fragen, ohne dem Thema jedoch seine geheimnisvolle Faszination zu rauben ...

196 Seiten, durchgehend farbig, broschiert
ISBN 978-3-89845-558-9
€ [D] 18,95

Bend Martinschitz

Die lebendige Kraft der Berge

Das gemeinsame Wachsen von Mensch und Natur

Die magische Gebirgswelt ist schon tausendfach beschrieben worden. Doch nun lernen wir sie neu kennen und betreten terra incognita.

Bernd Martinschitz lässt uns teilhaben an der Kraft der Bergriesen. Er präsentiert Berge erstmals als lebendige Wesen mit eigener Historie sowie die gesamte Landschaft als vitales Feld, in das wir Menschen seit Urzeiten eingewoben sind und von dessen Energien wir profitieren können.

Ein einmaliger Reiseführer in das Lebendige der Natur und zu uns selbst.